諾瓦 著

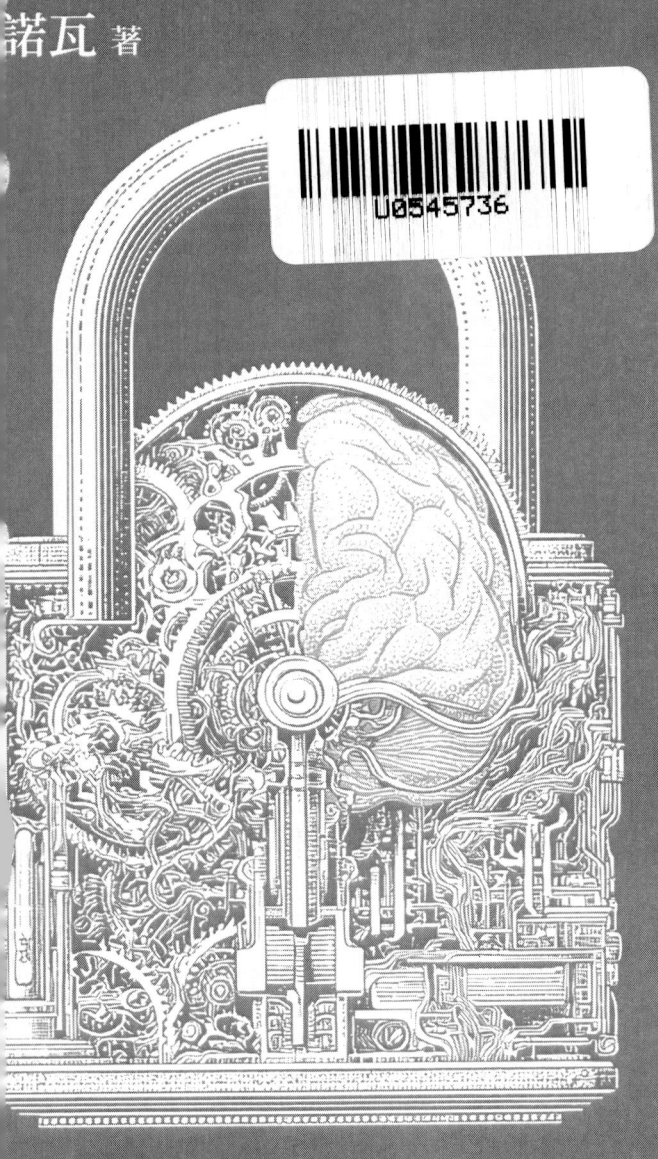

心理開關

打開你行為背後的九道機制！拆解被「慣性」綁架的情緒、思考與決策系統

THE MENTAL SWITCH

行為從來不是隨機發生，而是受內在結構與經驗模式牽引
情緒失控、溝通卡關、選擇困難，背後都有可解釋的心理機制

目錄

序 ………………………………………………………………… 005

第一章　心理是怎麼開始運作的？
　　　　── 從自我覺察到行為改變 ………………… 009

第二章　從小到大，我們怎麼被「塑造」……………… 035

第三章　你真的會學習嗎？
　　　　── 學習心理學的現實應用 ………………… 059

第四章　說話這麼難，是因為心理沒對頻 …………… 083

第五章　你以為你在選，其實是被推著走 …………… 105

第六章　壓力、意志與情緒三角戰 …………………… 133

第七章　從孩子到長輩，人生階段的心理轉彎 ……… 157

第八章　關係中的心理戰：愛、距離與邊界 ………… 183

第九章　打造你自己的心理操作系統 ………………… 209

目錄

序

◎打開那道心理的開關：給每個想更懂自己的人

每個人都有一種經驗：明明知道自己不該說出口的話卻還是說了，明明決定要早睡卻又滑手機到凌晨三點，明明說好這次購物只買必需品，結果手滑又下單一堆「療癒小物」。這些「明知故犯」的瞬間，總讓我們懷疑：我到底怎麼了？是意志力不夠，還是個性就是這樣？

其實，這些行為背後，都不是單純的失控，也不是人性軟弱，而是有其心理學可解釋的脈絡。就像神經科學家大衛‧伊格曼（David Eagleman）在《躲在我腦中的陌生人》（Incognito）一書中提到的：「我們大腦中有許多不為人知的過客，它們決定了我們的行為，甚至讓我們誤以為自己是做決定的主人。」

而這本書，就是為了幫助你打開那些你以為無法掌控、其實有跡可循的心理開關。全書深入探討我們行為背後的驅力，從情緒到動機、從認知偏誤到關係互動，讓你重新理解「自己為什麼這樣」。

◎從「看不見的自己」開始：現代心理學的轉向

過去，我們對心理的理解多停留在病理學或勵志語錄的兩極，不是焦慮、憂鬱的診斷，就是「你要更積極、要正能量」這

序

類的粗暴鼓勵。然而在21世紀後期，心理學的方向悄然轉變，朝向一種更貼近日常的「應用心理學」出發。特別是在疫情後，全球對「心理健康」的需求不再只是心理師診間的對話，而是每個人在家、在工作、在人際裡的即時自我調整能力。

以2021年牛津大學與哈佛醫學院的合作研究為例，研究者追蹤了超過1.5萬名受訪者，發現「心理彈性」比「單純的正向思考」更能預測一個人在壓力情境下的適應力。而這種彈性，正是來自於對自己心理機制的認識與對行為背後驅力的理解。

也因此，本書並不提供「改變自己三步驟」或「情緒管理五法則」這種速食式心靈雞湯，而是希望你讀完之後，對自己的每一個情緒波動、每一次拖延、每一段人際焦慮，都多一點理解、多一分空間，知道這一切並不奇怪，而是「人類共同的心理現象」。

◎從個體到社會：我們其實都在心理結構中互相影響

本書的結構橫跨生命歷程、學習行為、溝通習慣、消費決策、關係糾葛與人生轉折，不只是個人心理的探索，更是對當代社會環境如何影響個體心理的深度拆解。

比方說，在第五章〈你以為你在選，其實是被推著走〉中，書中揭示了「後悔預期」與「情感成本」如何讓人卡在決策循環中無法前進。這不只是心理機制的問題，而與我們所處的社會資訊過載、高速比較與自我期待有關。這些章節特別引用了

2020 年後 Netflix、Instagram 與各類短影音平臺如何「設計選擇環境」，進而牽動我們的消費與價值感知。

又如第八章〈關係中的心理戰〉，不再只是談傳統戀愛理論，而是把焦點放在「情緒勒索與補償性付出」的雙重結構上，並以 2023 年由澳洲昆士蘭大學發表的研究指出：成年人在關係中「過度給予」往往來自童年依附經驗與低自我價值的交織，這一現象在疫情後的孤獨感高峰期特別顯著。

內文不只援引研究，更搭配實際生活案例，從臺灣上班族面臨的家庭壓力，到跨文化伴侶的溝通誤解，讓每個讀者都能找到自己身上的投射與反思點。

◎心理學不是解答，而是更好的問題

這本書不是為了讓你變成「完美的大人」，而是幫你成為一個「更願意聽自己說話的人」。心理學並不總能給出解方，但它讓我們問出更誠實的問題，例如：

- ◈ 為什麼我這麼在意別人的眼光？
- ◈ 我到底在追求什麼樣的「成功」？
- ◈ 我討厭拖延，可是我好像需要它來對抗焦慮？
- ◈ 我是不是真的要改變，還是只是被社會壓力逼著變？

正如心理學家卡爾・羅傑斯（Carl R. Rogers）所說：「當我真正接受自己的時候，我才能開始改變。」這不是矛盾，而是一種深刻的自我允許。

序

◎從閱讀開始的心理覺醒

　　這不是一本讓你一口氣讀完的書，但它是一盞長時間點著的燈。在你失落時，它幫你理解你的情緒；在你猶豫時，它告訴你這是大腦的保護機制；在你想成長時，它提醒你：「你不用變成別人，只需要開始聽見自己。」

　　願這本書，成為你與自己對話的起點，也成為那道真正被打開的心理開關。

第一章
心理是怎麼開始運作的？——
從自我覺察到行為改變

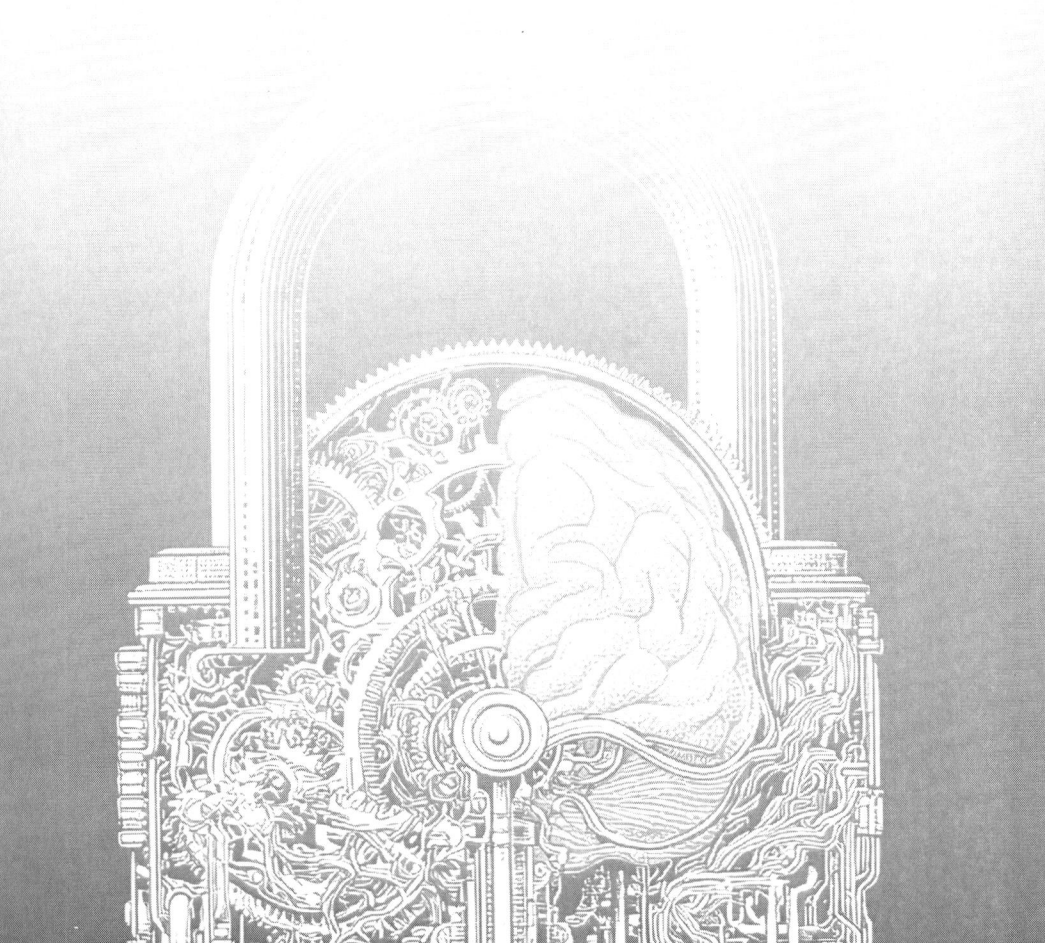

第一章　心理是怎麼開始運作的？──從自我覺察到行為改變

第一節　心理活動的五大基本原則

> 心理是如何形成的？

當我們說「我在想什麼」、「我覺得怪怪的」、「我不知道為什麼會這樣做」時，其實已經進入了心理學的核心領域。心理不是玄學，而是一套可觀察、可驗證的行為與心智運作系統。從現代心理學的角度來看，心理活動的形成並非一蹴可幾，而是來自多種因素交織的結果：包含生理基礎、外部刺激、過去經驗、內在信念、文化語境，甚至還有你的睡眠品質與血糖狀況。

心理活動的起點往往從感覺開始。當你睜開眼睛，光線進入視網膜，觸發大腦視覺區域的活動；當你聽到一首熟悉的旋律，勾起某段回憶，這些都是心理活動的初始點。這些初始點再經由知覺、認知、情緒、動機與記憶等心理過程整合後，最終形成我們的行為與態度。簡單來說，你的每一個選擇背後，其實都藏著一連串心理活動的鏈條。

根據美國心理學會（American Psychological Association, APA）定義，心理學是一門研究「個體如何感覺、思考與行為」的科學。這句話點出了心理活動的三個基本構成：感覺（感官接收）、思考（認知處理）與行為（實際反應）。理解心理活動的運作，不是為了把人「分析透徹」，而是幫助我們更好地做出選擇、調整反應，進而活得更自在。

第一節　心理活動的五大基本原則

感覺與知覺：我們如何經驗世界

你看到一片藍天，感到放鬆；另一個人卻覺得孤單，這就是「感覺」與「知覺」之間的差異。感覺是生理機制，是眼睛、耳朵、皮膚等感官對刺激的接收；而知覺則是大腦對這些訊息的組織與詮釋。也就是說，世界不直接給我們意義，是我們「感覺到」後，再由大腦去賦予意義。

舉例來說，一位在臺南長大的孩子從小習慣午後雷陣雨會帶來短暫涼意，他長大後每逢午後下雨，便會產生一種「安心」的情緒。反觀某位從事戶外攤販工作的中年人，每遇雷雨就會覺得焦慮與煩躁，因為這象徵著生意受影響。兩人對同一刺激的知覺完全不同，心理學稱之為「知覺選擇性」，即人會根據經驗、情緒與價值觀，選擇性地「看」到或「感覺」某種事物。

這也說明了，心理活動的第一步往往帶有濾鏡。這層濾鏡讓我們在接收外界訊息時，不只是客觀接收，而是主觀重構。因此，很多溝通誤解、人際衝突，甚至情緒困擾，往往都不是來自事實本身，而是我們「知覺」這些事實的方式。

認知運作與自我對話的祕密

每個人腦中都有個小聲音，會說：「這樣做會不會太丟臉？」、「我是不是不夠好？」、「他是不是討厭我？」這個聲音就是所謂的「內在自我對話」。它來自我們的認知系統，也就是大腦用來

第一章　心理是怎麼開始運作的？——從自我覺察到行為改變

解釋、預測與計畫的機制。

認知包含了許多子系統：注意力、記憶、理解力、推論能力與語言運用。這些系統協力進行我們每天的「思考」過程。但人腦不是理性電腦，它會偷懶、會推測、會套用經驗，有時甚至會「捏造」記憶來填補空白，這也是為什麼人與人之間對相同事件有不同解釋的原因。

心理學家亞倫・貝克（Aaron T. Beck）曾指出：「我們情緒的產生，來自於對現實的詮釋，而非現實本身。」例如：有人被主管冷淡對待後心情低落，認為自己「能力不夠」；但另一個人可能會解釋為「主管心情不好」，進而不受影響。這種「自我對話」就是認知運作的展現。

因此，想要改變行為，常常不是從壓抑情緒開始，而是從覺察我們腦中說了什麼開始。這也是認知行為療法（CBT）成功的核心：改變我們對事件的認知解釋，情緒與行為自然會跟著轉變。

情緒、動機與行為的連鎖反應

你有沒有經歷過這樣的時刻？明明腦袋知道「不該吃那碗宵夜」，但情緒低落時還是吃了；或是明知「這段關係該放下」，但心裡就是放不了手。這正是情緒、動機與行為三者交織的結果。

情緒是心理活動中最「快速」的反應之一，往往在你意識到

之前就已發生。根據心理學家保羅・艾克曼（Paul Ekman）的研究，基本情緒如快樂、悲傷、憤怒、恐懼是普世的，無論文化、語言都能辨識。但這些情緒如何被表達、解釋與壓抑，則深受社會化與個人經驗影響。

動機則是行動的推力。它可能來自內在，例如追求成就，也可能來自外在，例如避免批評。情緒會影響動機，而動機會驅動行為。例如：一位新創公司創辦人在疫情期間面臨資金壓力，他的情緒緊張讓他「逃避」與投資人開會，而非「主動」尋求支援，這就是情緒改變了動機方向，進而影響行為。

如果我們無法處理情緒，就很難理解自己的動機；若不理解動機，我們的行為往往只是在「反應」，而不是有意識的選擇。

從理解心理運作到行為轉變

當你越了解自己的心理活動，就越可能抓住改變的槓桿點。很多人以為行為改變需要「強大的意志力」，但其實更關鍵的是「掌握心理流程」。舉例來說，面對社交焦慮的人，不是直接逼自己去社交，而是先覺察他是如何「預期失敗」、「想像被拒絕」、「產生逃避」的，這個心理鏈條才是行為改變的關鍵起點。

心理活動的五大基本原則，可以總結如下：

◈ 每個心理反應都有生理與心理的雙重根源；
◈ 感覺只是輸入，知覺才是主觀重建；

第一章　心理是怎麼開始運作的？──從自我覺察到行為改變

◈　認知與情緒相互影響；

◈　情緒與動機密不可分，是行為的燃料；

◈　所有行為改變的起點，都從心理覺察開始。

當我們學會用這五個原則來看待自己，便不再只是「照著習慣活著」，而是開始有能力做出選擇。也唯有如此，所謂的「心理學」才真正能在生活中發揮作用 ── 幫助我們活得更清楚、更自在。

第二節　為什麼你常常搞不清楚自己的感覺

你以為你在「感覺」，其實你在「壓抑」

多數人以為感覺是自然而然會察覺的東西，但實際上，許多人對自己的內在感受是「盲的」。你是否有過「心情低落卻說不出為什麼」、「感覺不舒服卻找不到原因」、「被觸動卻不知道是難過還是生氣」的經驗？這不是你特別遲鈍，而是大腦習慣了壓抑與逃避。心理學家貝塞爾・范德寇（Bessel van der Kolk）在《心靈的傷，身體會記住》中指出，創傷個體常見內側前額葉／前扣帶皮質活動降低並伴隨杏仁核過度反應；島葉反應則常見升高或失衡，這會影響情緒的覺察與調節，讓人更難清楚感受自己的情緒，進而產生一種內在麻木的狀態。

第二節　為什麼你常常搞不清楚自己的感覺

即使不是重大創傷,長期社會化的過程也可能讓人忽略自身感受。華人文化重視壓抑與順從,從小我們就被教導「不要生氣」、「不要哭」、「要懂事」,這些話語逐漸內化成一種「感覺是不被允許的」心理信念,久而久之就失去了與感受對話的能力。

情緒語彙貧乏,是理解困難的源頭

根據心理學家麗莎・費德曼・巴瑞特(Lisa Feldman Barrett)的理論,情緒的辨識力來自語言。我們對情緒的辨識程度,取決於我們擁有多少情緒詞彙。如果你的語言中只有「難過」和「生氣」,那麼當你真正處於羞愧、焦慮、厭惡、嫉妒、孤單這些情緒時,你可能只會簡化為「不舒服」,卻說不清楚是哪種不舒服。

語彙貧乏也會導致情緒誤解。例如:有人在分手後狂吃不止,說自己「只是餓」,但其實那可能是悲傷或空虛的投射。當語言無法命名經驗時,身體會代為表達,例如失眠、暴食、頭痛或無故煩躁。這也是為什麼身心醫學越來越強調「情緒識字力」的重要性。越能細緻描述情緒的人,越能覺察內在,也越容易恢復平衡。

自我概念模糊,導致感覺難以定位

「我覺得不太對勁,但不知道是我的問題還是他的問題。」這句話反映了許多人在情緒判斷上的困難根源——自我概念模糊。心理學家卡爾・羅傑斯(Carl Rogers)認為,自我概念若

第一章　心理是怎麼開始運作的？—從自我覺察到行為改變

長期依賴外在評價而非自我內在經驗，會導致對感覺的混淆。也就是說，當一個人總是問「別人會怎麼看我？」、「我這樣好嗎？」而非「我自己覺得如何？」時，他就會逐漸喪失情緒判斷的基準。

這在關係中尤為明顯。當你總是配合對方，壓抑衝突、迴避表達、委屈自己，你的情緒會變得模糊、消失，甚至轉為身體症狀。此時的你，不是不會感覺，而是感覺不被允許出現。

快速跳結論：你其實跳過了「感覺」

在心理諮商中，有一個常見現象叫做「跳過情緒」。當諮商師問：「你那時感覺如何？」個案常會回答：「我覺得他不應該那樣對我」——這是評價，不是感覺。真正的感覺應該是「我當下覺得委屈、無助、失望」。

這種「跳過」往往來自防衛機制，因為面對感覺有風險。感覺會讓人暴露、不穩定，會讓我們面對無力的事實。但如果我們跳過感覺，就會錯失釐清的機會，只留下模糊又充滿焦慮的反應。要重建與感覺的連結，我們要學會慢下來，不急著找解答，而是先停在「我此刻是什麼感覺？」

練習感覺，是重新認識自己的起點

與感覺重新建立關係不是一件容易的事，但絕對是一件值

得的事。你可以從每天練習「三分鐘情緒掃描」開始：閉上眼睛，問自己——我現在身體有什麼感覺？這種感覺是緊繃還是鬆？有沒有特定情緒的名字可以描述它？

也可以建立一份「情緒語彙表」，把過去只會說「心情不好」的情況，細分成「失望」、「焦躁」、「尷尬」、「自卑」、「懷疑」、「疲憊」等等，這不只是語言訓練，更是情緒的辨識訓練。

最後，提醒自己：感覺沒有對錯，它只是訊號。你越能接住自己的感覺，就越能建立穩固的自我認知，也就越不容易被他人牽著走。感覺，是你與真實自己的第一道心理開關。

第三節　自我概念從哪裡來？

自我不是天生的，是慢慢長出來的

你以為你「本來就是這樣」，其實很多你對自己的看法，都是從他人眼光中拼湊而來。自我概念（self-concept）指的是個體對自己是誰的整體認知與情感態度，包括「我是怎樣的人」、「我值不值得被愛」、「我能不能做到某件事」等。心理學家羅傑斯（Carl Rogers）指出，自我概念不是天生就有的，而是經歷與經驗互動的結果。從嬰兒期開始，人們會根據他人回饋、文化訊息與情感經驗來建構對自己的理解。

第一章　心理是怎麼開始運作的？──從自我覺察到行為改變

也就是說，如果你從小總是被稱讚為「乖孩子」，你可能會內化出「我只有乖才值得被愛」的信念。反之，如果你經常被忽視或責備，你可能會認為「我是不夠好的」，即使長大後成功了，仍常常懷疑自己。自我不是定型的標籤，而是社會互動中的不斷鏡像與反射。

社會鏡子與親密關係的影響

美國社會學家查爾斯・庫利（Charles Cooley）提出「鏡中自我」（looking-glass self）概念，指的是我們會依據他人對我們的反應來建構對自己的看法。這意味著，他人如何看我們，我們就如何看自己。

例如：若你在成長過程中經常得到「你很有能力」的回饋，你可能會認為自己具備解決問題的能力；反之，如果你老是聽到「你怎麼那麼笨」、「別人都比你強」，那麼你很可能會在成年後陷入自我懷疑，難以在重要時刻做決定。這種外部評價會成為內在信念，影響我們的情緒與行為反應。

而最強烈影響我們自我概念的，不是陌生人，而是我們最親近的人，特別是父母、伴侶、師長。你對自己長相的看法，可能源自父母小時候無心的一句「你鼻子好塌」；你對能力的自信，可能來自老師一句「你很有邏輯頭腦」。這些語言構築了你「我是誰」的心理骨架。

自我概念的三種面向：實際、理想與應該

心理學家希金斯（E. Tory Higgins）將自我概念細分為三個面向：

- 實際自我（Actual self）：你覺得你現在是什麼樣的人。
- 理想自我（Ideal self）：你希望自己成為什麼樣的人。
- 應該自我（Ought self）：你覺得社會或他人期待你成為什麼樣的人。

這三個自我之間的差距，會產生不同情緒。例如：當實際自我與理想自我差距太大時，人容易產生挫折、自責；當實際自我與應該自我落差明顯時，則容易感到焦慮、壓力與內疚。

若你覺得「我不夠成功」、「我不像別人那麼有價值」，有可能是你的內在標準過於嚴苛，或過度接受了外在期待，而忽略了自己真實的狀態。理解這三種自我的存在，可以幫助我們釐清內在衝突，調整過高或不合理的要求，回到一個更真實的自我定義。

自我概念如何影響你的人際互動與選擇

自我概念不只是內在的感受，它會影響你所有的人際互動。舉例來說，如果你相信「我是不夠好的人」，你在關係中就可能變得過度討好、不敢表達需求，甚至吸引那些強化你這個信念的人。

第一章　心理是怎麼開始運作的？─從自我覺察到行為改變

同樣地，如果你相信「我不值得被愛」，你可能會在關係中習慣於退縮或自我貶低，難以承受他人真正的關心。這些都是自我概念的延伸，形成了互動劇本。只有透過反思與挑戰舊有信念，我們才能重寫自己的人際關係劇本，開始建立真正平等、有界線的連結。

在職場中也是如此。當你對自己的能力評價偏低時，即使有升遷機會你也可能不敢爭取；反之，自我概念健康的人，更能接受挑戰並從錯誤中學習。

自我概念是可以重建的心理工程

好消息是，自我概念不是一成不變的，它可以透過經驗、反思與關係被重建。心理學上的「自我敘事重組」就是其中一個方法。你可以重新看待過去的經歷，用不同角度詮釋童年的經驗、失敗的戀情、過去的批評，把這些經驗轉化為一種理解與成長，而非羞恥與否定。

同時，刻意接觸支持你成長的人，遠離貶低你價值的關係，也是一種實際行動。透過正向經驗的累積，新信念就有可能被建立出來。

最後，自我概念的核心其實來自於──你是否願意相信自己值得、自己有價值，不論你達成什麼、別人怎麼說。這樣的信念，是你面對世界最重要的心理盾牌，也是一切自我改變的根基。

第四節　認知偏誤讓你以為自己有在思考

腦袋愛走捷徑，才不是你懶

你是不是曾經有過這樣的經驗？一看到別人的穿著、談吐，心裡立刻有了定見；聽到一個不熟的政治立場，就馬上下結論。你以為你是在思考，其實你是在「用舊劇本解讀新情境」。心理學家丹尼爾・康納曼（Daniel Kahneman）將這種現象稱為「系統一」的快速思考，也就是憑直覺、經驗、情緒反射所做出的判斷。這是一種心理捷徑（heuristic），是大腦為了節省能量而採取的省時機制。

這種捷徑雖然有時候能幫助我們快速反應，但同時也讓我們更容易犯錯。比方說，看到一位穿著整齊的人，我們就預設他有教養；看到一位年輕女性開跑車，就預設她家境富裕，這些都是「刻板印象」在無形中引導我們的認知。

常見的六種認知偏誤：你我都有中

認知偏誤指的是在思考或判斷時，因為心理捷徑而產生系統性的錯誤。以下是生活中最常見的六種偏誤：

◆ 確認偏誤（Confirmation bias）：只接受與自己觀點相符的資訊，排斥相反意見。

第一章　心理是怎麼開始運作的？──從自我覺察到行為改變

- ◈ 可得性偏誤（Availability bias）：以記憶中容易浮現的例子作為判斷依據，例如聽到一件墜機新聞後就以為搭飛機很危險。
- ◈ 代表性偏誤（Representativeness bias）：根據外表或某些特徵推斷一個人或情境的本質，例如「他長得像騙子，就一定是騙子」。
- ◈ 現況偏誤（Status quo bias）：偏好維持現狀，認為改變就是風險。
- ◈ 過度自信偏誤（Overconfidence bias）：高估自己知識或判斷力的準確性。
- ◈ 結果偏誤（Outcome bias）：用事情結果來判斷當時決策好壞，忽略過程的合理性。

你可能發現，這些偏誤我們每天都在犯，而不自知。這不是智商問題，而是大腦「習慣偷懶」的自然現象。

認知偏誤如何影響我們的生活選擇

偏誤會潛移默化地改變我們的行為與選擇。舉例來說，一位創業者可能因為過度自信而忽略市場風險；一位上班族可能因為現況偏誤，害怕離職、錯失更適合的職涯機會；甚至情感關係中，我們可能會因「代表性偏誤」把戀人當成過去傷害過我們的某個人，無意識地投射情緒。

第四節　認知偏誤讓你以為自己有在思考

一項研究發現，在疫情期間，持不同立場的民眾會傾向只閱讀「立場一致」的新聞，這就是確認偏誤在強化社群分化的實證。認知偏誤不僅存在於個人內在，也放大了社會對立與對話困難。

認知不是全錯，但需要校正

我們無法完全消除偏誤，因為它是人類思考的副產品。但我們可以「察覺它」並做出調整。例如：當你意識到自己可能過度自信時，不妨主動請教不同觀點的人；當你覺得某個人「看起來就不靠譜」，試著延後評價，觀察多一點實際行為。

心理學家喬納森・海特（Jonathan Haidt）形容人的思考像騎象者——象是情緒與直覺，騎士是理性。我們無法控制大象的本能，但可以練習與之共處，引導牠不要亂衝。認知偏誤就是那頭象，而思辨能力則是那位需要培養的騎士。

思考不是想很多，而是想得對

很多人以為「焦慮很多」就代表自己在思考，實則只是腦中循環不斷，沒有進行有效推理。真正的思考包含幾個元素：暫緩直覺反應、收集多元資料、區分情緒與事實、考慮長期後果、接受模糊與不確定性。

換句話說，當你感覺自己「一直在想」，其實可能只是情緒在

第一章　心理是怎麼開始運作的？──從自我覺察到行為改變

轉圈。思考不是一直找答案，而是願意面對尚未有答案的問題。

訓練思考能力不是為了變得完美，而是為了避免落入慣性。你越知道自己的腦袋會怎麼出錯，就越有能力做出真正的選擇，這才是真正思考的起點。

第五節　決策與行為：理性背後的感性力量

我們做決定，其實靠的是感覺而不是邏輯

每當我們做出一個選擇，不管是買咖啡還是選伴侶，總以為自己是經過深思熟慮，其實多數時候，我們依賴的是「感覺對了就去做」的直覺反應。心理學家安東尼奧‧達馬西奧（Antonio Damasio）在研究中發現，當一個人無法感覺情緒時，即便智力正常，他的決策能力會嚴重下降。這說明了：沒有情緒，理性就無法運作。

換言之，感覺是一種導引我們思考的雷達。我們不是排除情緒在思考，而是利用情緒來篩選資訊、縮小選項，再用理性補上最後一步分析。這種「感性感知先行、理性後置補強」的運作模式，讓我們在複雜的生活中能迅速應對，但同時也可能產生盲點。

第五節　決策與行為：理性背後的感性力量

潛意識經驗如何決定你按下哪個選項

在現代行為經濟學中，決策不再被視為理性計算，而是混合了過去經驗、當下情緒、環境設計與社會期待的綜合反應。例如：當你打開外送平臺，明明想吃得健康，最後還是點了炸雞，這背後可能來自過去壓力大的時候會吃油炸食物紓壓的經驗，也可能是平臺用促銷標籤放大了你的即時欲望。

心理學家貝瑞・史瓦茲（Barry Schwartz）在選擇的悖論中指出，過多選擇反而會降低滿意度，因為選擇本身會產生「後悔預期」與「決策疲勞」。這些情緒反應就像是潛在變數，主導了我們以為很理性的每一個行動。

也就是說，你以為你在思考，其實是情緒過去的記憶在驅動你下選擇，然後你再用理由去合理化它。

情緒讓選擇變得有意義，也讓錯誤更痛

想像一下，如果我們真的能完全排除情緒，像電腦一樣計算機率，那麼「錯過一場聚會」、「選錯一間公司」、「愛錯一個人」應該就不會難過。但事實是，正因為我們對結果有所期待，才會產生喜悅與遺憾。

情緒賦予選擇價值。當你決定放棄一份高薪工作去從事自己熱愛的事業，這不是理性最大化的決定，而是情緒賦予人生意義的體現。心理學家喬治・洛文斯坦（George Loewenstein）

提出「風險即情緒」（risk-as-feelings）與「預期情緒（anticipated emotions）」的觀點，指出人們會根據預期的情緒結果來決定當下行為，也就是說，我們是在規避未來的痛苦與追求未來的快樂中不斷做選擇。

這也解釋了，為什麼投資人常在賺錢時不賣、賠錢時死抱著不放——因為他們不是在算錢，而是在規避後悔。

理性計算其實是情緒後的「修辭工作」

你有沒有發現，很多時候我們先做出決定，再去找理由來說服自己或他人？這種現象在心理學上被稱為「事後合理化」。也就是說，我們的理性其實是用來整理感性做出的決定，讓它看起來更合邏輯。

例如：一位消費者可能因為廣告中感受到被尊重而購買某項產品，但他對外的解釋卻會是「這款 CP 值高、口碑好」；一位男性可能因為焦慮而延遲提分手，事後卻會說「是我不想傷害她」。理性在這裡的功能，不是引導決策，而是為情緒行動做包裝。

了解這一點不是要否定理性，而是要更誠實面對我們的行為背後可能不是邏輯，而是被壓抑、未察覺、或羞於承認的感受。

真正的好決策,是「感性參與、理性收尾」

在日常生活中,我們不能也不必完全理性。我們需要情緒來協助判斷什麼對我們重要,需要直覺來快速應對變動環境,但更需要在情緒參與後,加入理性檢查:我這個選擇是短期逃避,還是真正需要?我現在的恐懼,是來自現實,還是來自過去的創傷?

做決策不是挑對答案,而是學會和自己的價值對齊。當你能辨識自己為什麼想要某個結果、為什麼害怕某些後果,你就更容易做出對自己真正有意義的選擇。這種選擇,才能在後悔時提醒你:「那是我當時最真實的決定。」

理性不會讓你的人生完美,但感性與理性協作,能讓你更少後悔,這才是我們應該追求的心理成熟。

第六節　情緒、行為與反應的自動化機制

為什麼你總是先做再想?

你有沒有這種經驗:明明說好不再生氣,但下一秒對方一個表情你就爆炸了;或是下定決心不再回訊息,卻還是忍不住按下傳送。這並不是你意志薄弱,而是因為你的行為早已內建了「自動化流程」。行為心理學指出,當某種情緒與某個反應反

第一章　心理是怎麼開始運作的？──從自我覺察到行為改變

覆連結時，它們就會變成一種無意識的慣性迴路。也就是說，你以為你在做選擇，其實你在執行一個「過去的模式」。

大腦為了節能，會將常見情境與反應打包成「腳本」，下次類似情境一來，就自動播放。例如：當你在職場中感覺被忽略，你可能會瞬間回到童年經驗中那種被遺棄的感覺，進而以逃避、討好或怒斥作為回應，而這一切幾乎都在幾秒鐘內完成。這就是自動化反應的力量。

情緒如何成為行為的「觸發器」

在神經心理學中，杏仁核（amygdala）是掌管情緒反應的核心部位，特別與恐懼、威脅反應相關。當我們遭遇壓力或潛在危險時，杏仁核會迅速啟動，甚至比大腦前額葉的理性思考區塊還快。這種設計是為了生存——遇到老虎先跑再說。但在現代生活中，這種迅速反應有時候卻會讓我們「失控」。

例如：在感情衝突中，你可能在對方還沒說完一句話就打斷或翻臉，因為你早就被過往傷害的經驗「訓練」出一種過度警戒的情緒防衛模式。情緒變成了行為的觸發器，而非提醒器。這樣的自動化，雖然能快速應對，但也可能誤判情境、破壞關係。

第六節　情緒、行為與反應的自動化機制

行為習慣的形成與強化

行為心理學的代表人物史金納（B. F. Skinner）曾提出操作制約理論，指出行為若有「立即的正向結果」，會強化該行為再次發生的機率。這就是為什麼你一緊張就滑手機、焦慮就吃東西，因為這些行為在當下能短暫緩解不舒服的情緒，雖然長遠來看可能有害，但大腦記得的是「這個行為讓我現在好一點了」。

這些情緒與行為的連結，隨著時間不斷加強，變成一種「不假思索」的反射。例如：

- 緊張→抖腿→減壓
- 無聊→拿手機→找刺激
- 被指責→怒吼→保護自尊

這些不是壞習慣，而是你過去學會的應對方式。要改變它，不能只靠意志力，而要重建一個「更適合的行為迴路」。

如何打斷情緒-行為的連結模式

要打斷自動反應，第一步是「建立中間停頓」的能力，也就是在情緒觸發與行為之間插入一個「意識點」。這可以透過以下方法訓練：

- 命名感受：例如「我現在感覺到焦躁」。

第一章　心理是怎麼開始運作的？—從自我覺察到行為改變

- ◆ 觀察衝動：例如「我很想罵回去，但我先不做」。
- ◆ 建立新選項：例如「我可以選擇離開現場、喝水、寫下情緒」。

這個過程就像在火車軌道中間設置一個轉轍器，讓你不再照舊走過去，而是能切換成一條更有意識的新軌道。

當我們能夠在反應前多一秒的停頓，就擁有了「選擇」的空間。這一秒，就是心理自由的起點。

培養替代性行為：不是壓抑，而是重寫

很多人改不掉舊行為，是因為只想「不要這樣」，卻沒有給自己新的行動策略。心理行為改變理論指出，「不要」不是一個有效的行為指令，「改變」必須包括具體的替代方案。

例如：

- ◆ 不想每次壓力大就滑手機，可以改為寫「情緒日記」。
- ◆ 不想總是爆氣，可以預設冷靜語句：「我需要幾分鐘思考再說。」
- ◆ 不想自我懷疑時陷入否定，可以改為：「我現在有點不安，但我值得再試一次。」

這些新的行為與語言，會逐漸在大腦建立新的神經路徑，成為你情緒來臨時的新出口。記住，改變不是「打敗自己」，而是「給自己一條更好的路走」。

第七節　從理解心理運作到行為轉變

改變從「知道自己怎麼想」開始

當我們希望有所改變，無論是想改善人際關係、處理情緒，或是戒除某個壞習慣，我們往往會問：「我要怎麼做才對？」但真正的改變，不是從行動開始，而是從理解「我為什麼這樣做」開始。心理學的價值，就在於提供一面鏡子，讓我們看清那些自以為自然的反應，其實都有跡可循。

心理學家亞伯特・艾利斯（Albert Ellis）提出 ABC 模型，指出事件（A）本身不直接引發情緒（C），而是我們對事件的信念（B）決定了情緒反應。例如：一位同事未回訊息，你感到憤怒，不是因為他沒回，而是你相信「不回就是不尊重我」。一旦你能辨認這個信念，你就能選擇是否接受它，或用新的解釋來取代它。

從意識模糊到自我覺察，是最關鍵的一步

很多人會說：「我知道我不該生氣，可是忍不住。」這並不是因為理智不夠，而是「自我覺察力」尚未成熟。自我覺察是指能夠即時覺察自己的情緒狀態、身體感受、思考模式與衝動傾向。

舉例來說，當你感覺心跳加快、肩膀緊繃時，你是否能停下來思考：「我是不是在焦慮？」當你重複陷入拖延時，你能否

問自己:「我到底在逃避什麼?」這些問題的出現,表示你開始脫離自動駕駛,進入主動意識狀態。

根據研究,自我覺察力與心理彈性、工作表現、人際滿意度都高度正相關。這代表,當你愈能理解自己的心理運作,你就愈能自主決定自己要如何活。

改變不是立即顯現,而是逐漸建構

在行為改變理論中,變化被視為一個「階段歷程」,包含:無意圖期(前思考期)、思考期、準備期、行動期與維持期(部分模型另加終止期/復發循環)。很多人會在行動期過後就放棄,認為「我還是沒變成功」。但其實,只要你開始觀察、開始懷疑、開始不再合理化自己舊有反應,改變就已經在進行中。

以憂鬱為例,許多來做心理治療的個案在前三週並不會出現情緒改善,但他們開始能說出:「我好像發現我有些想法總是讓我更難受。」這種語言的轉變,是心理改變的前奏。當你能用不同的詞描述自己,你的自我認同就開始轉向。

從認知到行為的橋梁是「情緒處理」

認知能讓我們看見問題,但若缺乏情緒處理,改變仍會卡住。情緒處理包含三個步驟:接受情緒、表達情緒、調節情緒。很多人能理性理解事情,卻因情緒壓力無法執行行動。

第七節　從理解心理運作到行為轉變

舉例來說，一位明知道自己應該離開一段有害關係的女性，在提出分手時依然陷入恐慌與罪惡感。她理解了，但還沒有「整理好感覺」。這時，比起告訴她「你值得更好的」，更重要的是陪她一起辨認這些情緒：「你是不是覺得離開等於背叛？」、「這份不安，是從小在哪裡感受過的？」

情緒是一道通關密碼。只有通過它，我們才有可能真正跨過理解與行動之間的鴻溝。

讓改變變得可行，而非理想化

很多人對「變好」有過度理想化的期待，以為有一天就會突然自律、有信心、夠成熟。但實際上，所有的行為改變都像肌肉訓練，一天一點、一週一點地建立新模式。

你不會因為讀完一本心理書就變成情緒高手，但你可能會在下一次爭吵前，多停一秒；不會馬上變得不拖延，但你可能會在每次拖延時更快覺察；不會完全擺脫不安，但你可能會願意和它共處，而不是讓它控制你。

這些微小的進步，就是心理改變的真實樣貌。

改變，不是變成另一個人，而是成為自己想成為的那個人，每天一點點地靠近。

第一章　心理是怎麼開始運作的？──從自我覺察到行為改變

第二章
從小到大,我們怎麼被「塑造」

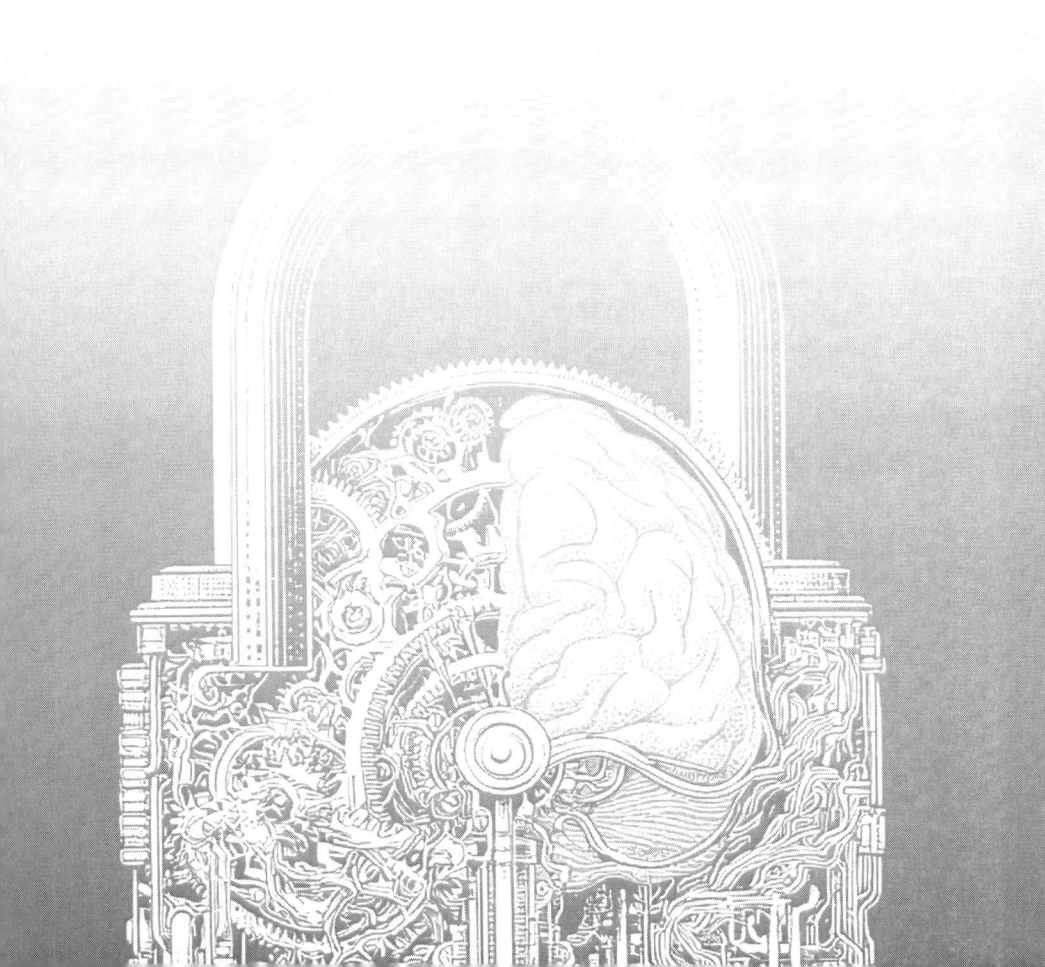

第二章　從小到大,我們怎麼被「塑造」

■ 第一節　嬰幼兒時期的心理成形關鍵

> 自我感覺的雛形,從出生就開始

你知道嗎?我們最早的心理經驗,往往來自還說不出話的階段。嬰幼兒時期並不是「空白的一頁」,反而是心理發展中最關鍵的打底期。從出生的那一刻起,嬰兒就在透過哭聲、眼神、吸吮、抓握來和世界互動。心理學家艾瑞克‧艾瑞克森(Erik Erikson)指出,嬰兒時期的首要任務是建立「基本信任感」,也就是對世界是否安全、對照顧者是否可靠的第一層心理印象。

如果一位嬰兒在餓了、哭了之後,能夠穩定地得到回應與照顧,他就會漸漸形成「我的需求是可以被看見的」這種信念,這是日後自尊、關係信任、自我調節能力的基礎。相反地,如果哭了沒人理、餵食與安撫經驗反覆無常,他可能會內化出「世界是不可靠的」感受。這些早期經驗會深藏於潛意識,未來在人際關係中一再重演。

> 依附關係塑造我們的安全感地圖

心理學家約翰‧鮑比(John Bowlby)所提出的依附理論,是理解嬰幼兒心理發展的核心架構。他指出,嬰兒與主要照顧者之間的互動會形成一種「內在工作模式」(internal working model),這將影響他日後對他人與自我的態度。根據依附風格的不

同，孩子可能形成安全型、焦慮型、逃避型、混亂型等四種基本心理傾向。

例如：安全型的孩子傾向相信「當我有需要，重要他人會回應我」；焦慮型的孩子可能會在照顧者忽冷忽熱時變得黏人、不安；逃避型的孩子則可能來自於照顧者長期冷漠、缺乏情緒回應，他們習慣壓抑需求，不願表達情感。

這些模式並不只是童年現象，它們會延伸至成年關係中。例如：安全型孩子長大後在關係中較能溝通與信任，而逃避型則常表現出「冷處理」、「不需要人陪」的態度，焦慮型則可能出現過度依賴或情緒勒索。理解自己的依附風格，是重建人際模式的第一步。

身體記憶，是情緒穩定的前哨站

嬰兒無法用語言理解世界，他們的感受記憶存在於「身體層次」。心理學家丹尼爾・席格（Daniel Siegel）指出，嬰幼兒期的經驗會以「情感記憶」與「身體記憶」儲存下來，例如熟悉的抱法、氣味、語調都會成為安全的象徵。若這些經驗一致而可預測，孩子的大腦神經網絡會朝向穩定、整合發展。

反之，若嬰兒處於高度混亂、缺乏規律的照顧中，例如忽冷忽熱、情緒不穩的家長，他的大腦將學會「處於警戒」，進而建立對環境的高敏感度與壓力反應，日後較容易出現情緒障礙或焦慮傾向。

這也是為什麼現代心理學強調「高品質的照顧關係」,因為這會直接影響大腦的構造與功能,影響一個人未來的適應能力與心理彈性。

語言與情感的交織起點

雖然嬰幼兒無法說話,但他們的語言能力其實在一歲以前就開始萌芽。而更早的「情緒語言」—— 也就是透過表情、聲音、節奏所傳遞的情感訊息 —— 早已在嬰兒與照顧者之間來回流動。

這些語言雖然沒有詞彙,卻建立了「我是被理解的」心理體驗。當一位照顧者在孩子哭泣時,能夠溫柔地說:「你是不是覺得難過?」這不僅安撫了孩子,更讓孩子學會將內在感覺與語言連結。這樣的練習,有助於未來情緒辨識與表達能力的建立。

因此,與其追求提早學會數數或認字,更重要的是讓孩子在愛與理解中逐漸發展出語言與情緒的整合力。

早期經驗,會變成未來的心理腳本

每一個成年人的行為背後,都藏著一段未被命名的童年記憶。嬰幼兒期的經驗會潛移默化地形塑我們對世界的基本信念 —— 我是值得的?世界是安全的?別人是可靠的?這些問題的答案,其實在我們還不會說話的時候,就已經寫進心裡了。

如果你發現自己在人際關係中總是容易焦慮、過度自責、害怕被拒絕,請不要急著責怪自己,因為這些行為很可能是過往經驗的延伸。幸運的是,心理腳本並非無法改寫,只要我們願意重新理解那些經驗、重新賦予意義,內在的劇本也能慢慢修正,讓我們活得更貼近自己的本質。

第二節　學前與國小階段的依附與模仿作用

> 當我們開始觀察世界,也開始模仿世界

進入學前與國小階段,孩子的心理從原本以「照顧者」為核心,逐漸擴展到更大的社會圈,包括老師、同儕、親戚與鄰居。這個時期,孩子開始學會觀察別人的行為與語言,並進行模仿。根據心理學家亞伯特·班度拉(Albert Bandura)的社會學習理論,孩子的行為不只來自獎懲,更多來自觀察與模仿榜樣。

例如:當孩子看到父母總是用尖叫或沉默處理衝突,他可能會學會「衝突就是不講話或大吼」;如果老師在課堂中讚美主動發言的同學,他也會傾向模仿這類行為來換取認同。這些模仿不只是表面動作,更內化成價值觀與行為慣性,是日後人格發展的骨架。

第二章　從小到大,我們怎麼被「塑造」

同儕關係中的自我定位

從學齡前開始,孩子會進入「社會比較」的階段。他們會注意自己與他人的不同,並開始問:「我是什麼樣的人?」這時期的同儕互動,不只是玩伴,更是孩子探索自我與他人關係的實驗場。

一個在團體中常被排擠的孩子,可能會產生「我不被喜歡」的自我評價;而總是被稱讚的孩子,可能逐漸建立起「我很有價值」的信念。心理學家蘇珊·哈特（Susan Harter）指出,這時期的自尊與自我效能感,很大程度取決於同儕回饋與社會互動的品質。

換句話說,孩子不是在學校「學會怎麼當學生」,而是在學校「學會怎麼成為人」。

教師與家庭角色交織影響心理建構

老師在這個階段扮演的角色,比想像中更關鍵。老師的語氣、眼神、回饋方式,無形中都在向孩子傳遞「我是值得被聽見的嗎?我表達會被接納嗎?」這些訊息會強化或削弱孩子的自我價值感。

相對地,家庭仍是情感依附的堡壘。當學校與家庭訊息一致,例如家長鼓勵探索、老師也支持多元表達,孩子會產生更穩定的心理安全感;反之,若學校壓抑表達、家庭過度控制,孩子容易在角色認同與行為調整中出現內在衝突。

第二節　學前與國小階段的依附與模仿作用

一項臺灣的教育心理學研究指出，在國小階段獲得較高「師生親密度」評價的學生，在六年後的人際滿意度與學習自信度上有明顯優勢，顯示師生互動對心理歷程的長期影響力不容小覷。

行為模式內化為「自我劇本」

孩子在這個階段所模仿與內化的行為，會變成日後面對壓力與人際互動時的「反應劇本」。例如：若他習慣在衝突中低頭道歉，即使不是他的錯，長大後面對不公平也可能選擇吞忍；或是若習慣用幽默掩飾情緒，未來在人際中可能變成情緒逃避者。

這些行為是有其心理功能的，它們幫助孩子當時適應環境。但如果這些模式過度僵化、不再適用於新的情境，就會變成心理的阻力。這也是為什麼很多成人在職場或親密關係中，總覺得自己「被卡住」，其實是內在的行為腳本早已寫死，需要重新編修。

心理彈性與正向模仿的養成

並不是所有模仿都會帶來傷害。相反地，正向模仿是孩子培養心理彈性的重要路徑。如果孩子身邊有能處理情緒的大人、有尊重差異的老師、有互助合作的同儕，那麼這些行為就會成為他們日後應對困難的心理資源。

心理學家卡蘿兒・杜維克（Carol Dweck）提出的成長型思維

(growth mindset)概念中也強調，若孩子模仿到的是「錯誤可以修正、能力可以培養」這類態度，他將更有韌性去面對挑戰。

所以，不只是說教，而是成為孩子的榜樣；不只是教他做什麼，而是示範你怎麼做。孩子學得最快的方式，始終是看你怎麼活。

▌第三節　青少年叛逆背後的認同建立

> 叛逆不是壞，而是正在長出自我

當我們談到青少年時，常會直覺聯想到「叛逆期」、「情緒化」、「不聽話」，但其實這些行為背後，藏著一個心理關鍵詞——身分認同（identity）。心理學家艾瑞克‧艾瑞克森（Erik Erikson）指出，青少年期的核心發展任務，就是從兒童的「我是誰」走向成年人的「我選擇成為誰」。

青少年的叛逆，不是為了反對而反對，而是一種「脫離依附、尋找定位」的行動。他們透過挑戰權威、實驗新角色、否定父母價值觀，來探索屬於自己的觀點與風格。這段期間的拒絕，其實是成長過程中必要的「心理斷奶」。若成人只看到表面的衝突，而忽略這背後的認同建構，就容易陷入對抗而非支持。

第三節　青少年叛逆背後的認同建立

認同感來自實驗與界線測試

青少年會透過嘗試不同的穿著風格、語言用詞、社群形象，來實驗「我是什麼樣的人」。這些行為不只是表演，更是一種認同探索的工具。心理學家詹姆斯・馬西亞（James Marcia）在研究中提出四種認同狀態：混亂（diffusion）、早閉／封閉（foreclosure）、延宕（moratorium）、完成（achievement），指出青少年會在探索與承諾的過程中轉換角色。

例如：一位原本服從父母安排的學生，開始質疑自己的升學志向，這並不是「變壞」，而是他開始進入「探索期」。這個時期的孩子，需要的是允許與空間，而非指責與管控。因為只有在安全的關係中，孩子才敢探索錯誤、調整方向，進而建立穩定的自我認同。

同儕認同：我屬於哪一群人？

青少年時期的心理重心，從原生家庭轉向同儕圈。這個時期的「我」很大程度來自「我們」。加入某個團體、穿得像某一類人、講一樣的話，是青少年建構自我認同的重要方式。被同儕接受，意味著自己是「可被喜歡的」，這直接影響到自尊與安全感。

根據心理學研究，若青少年無法在同儕中找到歸屬感，他們可能會透過極端手段（如過度表現、故意挑釁、社群成癮）來爭取注意力。這些看似脫序的行為，其實是內心在吶喊：「我想

被看見」、「我想知道我重要不重要」。理解這一點，是我們陪伴他們走過風暴的第一步。

身體變化與性別認同的交織挑戰

青春期帶來的生理變化，也同時引發心理認同的動盪。身體快速成長、性徵出現，會讓青少年重新面對「我是男孩還是女孩？」、「我喜歡誰？」、「我的身體可不可愛？」等關鍵問題。這些疑問若在沒有支持性對話的環境中發生，很容易讓孩子陷入焦慮、自我厭惡甚至性別困惑。

臺灣的調查指出，許多青少年對身體意象感到不安，並與社群媒體中的「完美形象」產生巨大落差。這些內在衝突可能轉化為飲食失調、過度健身、沉迷濾鏡自拍等行為，背後都是對身體與自我價值的焦慮。因此，家庭與學校的性別教育與身體教育，不應止於知識傳授，更要提供支持與接納。

父母角色的轉換與再建構

進入青春期後，父母的角色從「管理者」轉為「顧問」，這樣的轉換若沒有意識到，容易造成親子關係緊張。父母若仍以控制的方式介入孩子生活，青少年會以對抗或逃避回應。相反地，若父母能退一步，讓孩子在決策中練習承擔，親子關係反而可能更親近。

研究顯示，青少年最需要的不是完全的自由或完全的保護，而是「在尊重中仍有邊界，在信任中仍有對話」。當父母願意從教導者變成引導者，孩子會更願意分享內心，並從中學習負責任地面對生活選擇。

叛逆的孩子，其實正在拼湊自我。與其問「為什麼他變這樣」，不如問「他正在努力變成誰」。當我們願意看見這份努力，支持就能取代指責，理解就能取代衝突。

第四節　成長中的創傷與防衛機制

> 小傷口未必看得見，但會留在心裡

當我們談論「創傷」，許多人會以為只有重大事件如霸凌、家暴、喪親才算創傷，但心理學上所謂的創傷（trauma），不在於事件本身的劇烈程度，而在於當事人是否有足夠的心理資源去承受與處理。也就是說，一句羞辱的話、一段被忽視的求助、一次無聲的否定，都可能在心中留下深刻的印記。

臨床心理學家貝塞爾・范德寇（Bessel van der Kolk）在其著作《心靈的傷，身體會記住》中指出，創傷會改變大腦的情緒處理與自我感知能力，使得受創者即使多年後仍容易過度警戒、過度敏感，甚至對正常互動產生過度反應。這說明了：創傷不是過去的事，它是一種仍在運作的心理記憶。

第二章　從小到大，我們怎麼被「塑造」

微創傷與長期忽視造成的內在裂痕

在成長過程中，許多看似微小的情緒忽視其實累積了大量的心理壓力。像是：「你很乖，別哭了」、「不要想那麼多」、「你為什麼不能像別人一樣懂事？」這些話語背後傳遞的訊息，是「你的感覺不重要」、「表達是不被允許的」。

這些重複出現的微創傷（micro-trauma），不會立刻讓孩子崩潰，但會逐步侵蝕他的自尊、自我認同與信任感。長期下來，孩子可能會產生兩種極端反應：一是過度討好他人，只為換取接納；二是築起高牆，對情感麻木。無論哪一種，都是一種因應未被回應的情緒所產生的保護機制。

防衛機制不是壞，是一種求生方式

心理學家安娜・佛洛伊德（Anna Freud）對防衛機制的研究指出，這些心理反應不是壞事，而是人在面對情緒壓力時的一種自我保護。例如：

- ◆ 否認：拒絕承認痛苦的現實（「沒事啦，我早就習慣了」）。
- ◆ 投射：將自己不敢承認的情緒丟到別人身上（「你才愛生氣吧！」）。
- ◆ 理性化：用看似理性的話語壓下真實感受（「這沒什麼好難過的，大家都會經歷」）。

第四節　成長中的創傷與防衛機制

防衛機制幫助我們短期內穩定情緒，但若長期依賴，就會阻斷真實感受的表達，甚至讓個體無法辨識自己真正在乎什麼。

防衛之下的真相：未被處理的感受

每一個防衛機制背後，其實都有一個未被處理的情緒。例如：否認之下可能是羞恥；投射之下可能是恐懼；過度理性之下可能是脆弱。這些情緒如果沒有被看見，就會轉化為慢性的壓力與人際困擾。

舉例來說，一位從小常被責備的孩子，長大後可能對批評特別敏感，甚至會在伴侶輕聲提問時就先防衛、發怒。這不是他故意反應過度，而是他的大腦已被訓練成「提前反應以避免受傷」。

理解防衛背後的情緒需求，是解開創傷循環的第一步。這不只是理解自己，也是一種心理上的自我救援。

從覺察開始，重建更健康的心理反應

要走出創傷與過度防衛的模式，需要三個步驟：

- ◆ 辨認防衛機制：我是否常常否認、轉移、過度解釋？
- ◆ 接納感受真實性：我是否願意承認我其實有傷、有需要？
- ◆ 練習安全表達：我能否在可信任的人面前練習說出情緒，而非隱藏它？

第二章　從小到大，我們怎麼被「塑造」

心理改變不是要我們變得「沒事」，而是讓我們有能力處理「有事」。當我們能不再靠防衛，而是直接與自己的情緒對話，我們就能慢慢重建心理韌性。

創傷不會自動消失，但可以被理解、被安放、被照顧。每一次真誠的面對，都是從創傷中走出來的一步。

第五節　父母的語言，如何內化為自我信念

說出口的話，會變成孩子的內心聲音

「你怎麼這麼不乖？」、「你讓我很失望」、「你好棒，真是媽媽的驕傲」，這些語句乍看之下稀鬆平常，卻可能長期烙印在孩子的內在世界中。父母的語言，不僅是溝通工具，更是孩子形塑自我認同與價值感的心理模板。心理語言學指出，語言不只是表達，更是建構──它不只是描述現實，而是在參與現實的創造。

特別是兒童在學齡前，處於語言與認知結構快速發展的階段，父母說的每一句話，都可能被孩子「錄下來」，並在未來成為自我對話的底層程式。例如：經常被責備的孩子，長大後可能內化出「我總是不夠好」；經常被鼓勵「你可以再試一次」，則可能內建出「我有能力面對困難」的信念。

第五節　父母的語言，如何內化為自我信念

語言的潛意識效應與反覆建構

心理學家亞倫・貝克（Aaron T. Beck）認為，早期信念的形成往往是透過重複與情緒強度建立的。也就是說，不是一次傷人的話語，而是「經年累月地被這樣說」才真正改變了一個人看自己的方式。

像是「你這樣誰要理你」這句話，若在孩子出錯時反覆出現，他不僅會學會對錯誤感到羞恥，更可能認為「當我犯錯，我就不值得被愛」。這類語言模式會成為孩子潛意識中的運作規則，並在未來每一次錯誤或拒絕時，自動浮現：「我果然不夠好」。

反之，若孩子在失敗時經常聽到「沒關係，我們一起想想怎麼改」，這會促成一種成長型思維（growth mindset），也就是將挫折視為可以學習的機會，長大後較能調適壓力、不會被一時失敗擊垮。

評價型語言與描述型語言的差別

常見的語言對孩子有兩種影響路徑：一是「評價型語言」，如「你很聰明」、「你很懶惰」；一是「描述型語言」，如「你花了很多時間思考這題」、「你今天看起來有點沒精神」。前者會讓孩子依賴外在評價來定義自己，後者則能引導孩子往內部覺察發展。

心理學研究指出，當孩子總是聽到「你好棒」這種評價語言，

會在未來表現中出現表現焦慮,因為他們覺得「不棒就不值得被愛」。相反地,如果孩子習慣從大人那裡聽到具體描述,他們較能接納自己的起伏,不會只追求表現,而能專注在過程與努力。

父母的自我語言,也會被孩子吸收

有趣的是,孩子不只會聽父母對他們說什麼,也會模仿父母對自己說什麼。舉例來說,若孩子常聽見母親說:「我好笨,這麼簡單也不會」,孩子也可能學會自我貶低,遇到困難時也說:「我就是沒用」。父母的自我批評,其實是孩子未來的內在語言課本。

同樣地,若孩子常聽見父母說:「雖然我今天做得不太好,但我會再調整看看」,這種語言會建立起韌性、寬容與持續努力的語言模式。也就是說,我們怎麼對自己說話,就等於在教孩子怎麼看待自己。

練習正向而真實的語言,引導健康自我信念

要幫助孩子建立健康的自我信念,語言不需誇張、正向口號化,而是要真實、具體、具支持性。以下是幾種語言轉換的例子:

◆ 從「你怎麼又失敗了」→「你剛剛這樣做可能有點困難,我們來看看還有什麼方法」

- 從「你好棒喔」→「你剛剛真的很專注，這讓我很欣賞」
- 從「你太內向了」→「你比較習慣先觀察，這是一種很細膩的特質」

這些語言不是技巧，而是一種關係的展現 —— 我看到你，我理解你，我相信你可以長出自己的樣子。

孩子會忘記你說過的所有話，但他永遠記得你怎麼讓他看待自己。這，就是語言的力量。

第六節　教育現場的心理暗線

> 教室不只是學習的地方，更是心理劇場

我們多半將教育現場看作「學習知識的空間」，卻往往忽略了它同時也是孩子心理發展最關鍵的場域。教室裡不只有課本與考卷，還有表現壓力、同儕競爭、師生互動與社會期待的交織。每一張成績單背後，都有一套孩子對自己的認知與評價在默默發展。

心理學家勒溫（Kurt Lewin）曾說：「行為是個體與環境的函數。」也就是說，孩子的行為並不是孤立出現的，它往往是對環境的心理回應。在學校這個「制度性環境」中，許多孩子正在學習的，不只是數學或國文，而是「我值不值得被喜歡」、「如果我表現不好，我還會被愛嗎？」

第二章　從小到大，我們怎麼被「塑造」

表現導向下的焦慮與自我貶值

現代教育制度常強調成果與排名，這在無形中將孩子導向「表現價值論」：你考得好＝你有價值。這種氛圍對某些孩子或許是激勵，但對許多學習曲線較慢、擅長非學科才能的孩子來說，卻可能造成長期的自我否定。

心理學研究指出，當孩子認為「表現是我存在的理由」，他們會對錯誤與失敗產生過度恐懼，甚至開始避免挑戰、躲避表現，導致真正的學習能力反而停滯。這就是為什麼一些成績中下的孩子會說：「反正我不管怎麼努力都沒用」，他們並非真的放棄讀書，而是已內化「我就是不夠好」的信念。

師生互動潛藏的心理劇本

老師的眼神、語調、選擇誰回答問題、怎麼給予評語，其實都在構成孩子的心理劇本。心理學家皮亞傑（Jean Piaget）曾指出，兒童在具體運思期會開始建立對權威的態度與認知，而老師往往是第一個非家庭的權威角色。

如果孩子長期感受到被忽視、不被期待、被貼標籤（如「他就是愛講話」、「他永遠忘記帶作業」），這些評價就可能成為他的自我概念。而這種角色習慣一旦建立，孩子即使換到不同老師、不同班級，也可能不自覺地延續「我就是那種學生」的行為模式。

相反地,一個願意細心觀察、真誠給予正向回饋的老師,能夠打破孩子對自己的負面信念,重新建立正向的自我認同。教育現場的心理影響,往往比我們想像的還要深遠。

同儕比較與社交結構的心理動態

在教育現場,孩子也會不斷透過同儕比較來定義自己,這種社會比較是建構自尊與認同的常見路徑。問題在於,當這種比較以「贏」為唯一標準,就容易產生排擠、霸凌、邊緣化等現象。

一位在國小被笑「講話像女生」的男孩,可能會從此壓抑自己的情感表達;一位長期成績吊車尾的孩子,可能習慣了「當透明人」的角色,不敢爭取資源或表現。這些心理結構的形成,往往悄然無聲,卻深深影響著孩子的行為慣性與自我形象。

學校不只是知識競技場,更是一個權力與情感的複雜網絡。我們必須更敏感地看見其中的心理張力,才能真正理解孩子的行為背後有什麼故事。

打造支持性心理環境的教育設計

要讓教育現場成為孩子心理健康的沃土,必須從制度、文化與人際互動三方面著手:

- ◆ 制度面:減少過度競爭的排名設計,增加多元能力的評估方式。

- ◈ 文化面：創造允許失敗、鼓勵探索、不以單一標準定義學生的校園風氣。
- ◈ 互動面：讓教師具備基本心理素養與回饋能力，建立安全、回應式的師生關係。

教育不只是知識的傳遞，更是心理地景的塑形。每一間教室的空氣中，都可能藏著孩子對自己的信念雛形。我們不只是教他們成為學生，更是在幫助他們成為能理解自己、相信自己、接納自己的大人。

第七節　童年記憶如何主導你的現在

> 記憶不是儲存，而是持續塑形

許多人以為記憶像照片，存在腦海裡等我們回顧；但心理學認為，記憶更像是一種「再建構」的歷程。也就是說，每次回想，都不是單純的回放，而是結合了當下情緒、認知與語言框架重新拼湊的版本。這代表，我們如何詮釋童年，不只影響過去的理解，更會深深主導現在的行為選擇與情緒反應。

認知心理學家伊麗莎白・洛夫圖斯（Elizabeth Loftus）長期研究記憶的可塑性，發現即便是關鍵的兒時經驗，也可能在被提醒與重述中產生誤差。但更重要的是，那些「無意識的記憶」──

第七節　童年記憶如何主導你的現在

未經語言整理、直接儲存在身體與情緒中的感受，對現在的我們仍有強烈牽引力。你以為你已經放下，其實它正在你現在的生活中以另一種形式重演。

情緒記憶與潛在引爆點

你是否曾在某個微不足道的情境中突然情緒崩潰？比如主管的一句話讓你立刻感到羞辱，或伴侶一個無視的眼神讓你瞬間感到被拋棄。這些反應可能並非針對當下事件本身，而是早期記憶被「觸發」的結果。

心理治療理論中稱這類現象為「情緒記憶再現」（emotional memory reactivation），指的是當下情境與早年未解的經驗產生連結時，舊情緒會突然湧現。我們的理智知道「這不至於」，但身體卻誤以為「危機再現」。這也是為什麼創傷記憶即使已多年未提，仍會透過特定聲音、畫面、語氣或人際模式強烈浮現。

舊劇本如何影響現在的選擇

每個人心中都有一套「心理劇本」，這些劇本往往來自童年經驗，決定了我們如何看待自己與他人。例如：一個在童年中常被責備的孩子，可能會在成年後對權威特別敏感；一位從未獲得關注的孩子，可能會極度渴望認可，甚至在關係中表現出依附焦慮。

第二章　從小到大,我們怎麼被「塑造」

精神科醫師艾瑞克・伯恩（Eric Berne）提出「生命腳本理論」,後由克勞德・史坦納（Claude Steiner）等人發展與推廣,指出人在童年時期會形成一套「自己是誰、別人是誰、世界怎樣」的信念結構,並在潛意識中不斷重複這些腳本。這也是為什麼我們常會掉入一再重複的情節：戀愛總是遇到忽略自己的人、工作總是遇到看不到努力的主管。不是你不夠努力,而是劇本還沒改。

改寫記憶的心理可能性

幸運的是,記憶並非鐵板一塊,它是可以被重寫與賦新意義的。心理治療中的「敘事治療法」（Narrative Therapy）與「內在家庭系統療法」（IFS）便是幫助人們重新接觸早期記憶,並賦予其不同理解的方式。

關鍵不在於否認過去發生過的事,而是重新解讀：從「我當時被拋棄」改為「那是一段沒人懂我的時光」；從「我很糟糕才會被罵」轉為「當時的大人不會處理自己的情緒」。這樣的重述不是假裝沒事,而是將過去的控制權收回,讓它不再主導當下的行為。

與童年記憶共處,而非對抗

真正的成熟,不是擺脫過去,而是學會帶著過去前進。你可以在今天的自己身上,重新照顧那個曾經被誤解、被否定的小

第七節　童年記憶如何主導你的現在

孩。透過寫信給童年的自己、與信任的朋友說出舊故事、在某些選擇上站在過去的反面，這些都是讓童年不再綁架現在的實際行動。

每個人心中都有一個孩子，他沒有消失，只是躲在記憶的角落。當你學會傾聽他的聲音，不否認、不責備，而是陪伴與轉化，你就能把那段過去變成未來的一部分，而非阻礙。

童年不決定你的一生，但它確實塑造了你的起點。而你，永遠擁有改寫的能力。

第二章　從小到大，我們怎麼被「塑造」

第三章
你真的會學習嗎?
——學習心理學的現實應用

第三章　你真的會學習嗎？——學習心理學的現實應用

第一節　動機不足不是懶，是沒有被觸發正確需求

「我知道要做，但就是提不起勁」的背後

許多人在學習時會面臨這樣的困境：「我知道這件事很重要，我也知道該開始了，但我就是做不下去。」這種「明知道卻動不了」的狀態，常常被誤解為「懶惰」，但在心理學的觀點中，它更可能是「動機系統沒有被正確啟動」。

心理學家亞伯拉罕・馬斯洛（Abraham Maslow）所提出的需求層次理論指出，人類的動機是階層性的，當低階需求（如安全、歸屬）尚未被滿足時，高階需求（如成就、自我實現）就不容易被啟動。這也解釋了為什麼一個面臨家庭衝突、生活不穩的學生，即使知道考試重要，也可能無法全心投入學習，因為他的「安全感」還沒有被照顧到。

內在動機與外在驅動的差異

動機主要分為內在動機與外在動機。內在動機是基於興趣、好奇、自我挑戰所產生的行動欲望；外在動機則來自於獎懲、評價與他人期待。研究顯示，內在動機的持久性與學習成效都明顯高於外在動機，因為它牽涉到「我願意」而非「我必須」。

例如：一位學生若因為喜歡某個領域而主動探索，他在該

第一節　動機不足不是懶，是沒有被觸發正確需求

領域的學習投入與成效往往會顯著提升；相反地，如果他只是為了分數或避免被責備而學習，那麼一旦外在壓力解除，動力也會迅速消失。這種「為了不失敗而學」的模式，長期下來容易導致學習疲乏與自我否定。

找不到動力，是因為不知道自己要什麼

心理學家愛德華·迪西（Edward Deci）與理察·瑞恩（Richard Ryan）提出自我決定理論（Self-Determination Theory），指出人類在學習與行為上有三項基本心理需求：自主感（autonomy）、勝任感（competence）、關係感（relatedness）。若這三個需求被滿足，個體就會產生持久的內在動機。

也就是說，一個人若在學習中能做出選擇（自主）、感受到自己的能力有進步（勝任）、並與他人產生連結（關係），他就更容易「自動自發」。反之，當學習內容與自我無關、過於困難、缺乏回饋或孤立無援時，學習動機自然低落。

這也說明了，許多「沒動力」的學生，不是能力不足，而是學習環境未滿足他的心理需求。他不是不努力，而是不知道自己努力的理由是什麼。

情緒狀態是動機的打火機

情緒與動機之間有高度關聯。研究指出，正向情緒如希望、興奮、好奇會增強學習動機，而焦慮、厭煩、羞愧等負面情緒則

第三章　你真的會學習嗎？—學習心理學的現實應用

會抑制行動啟動力。這也是為什麼情緒支持比單純督促更有效。

舉例來說，一位學生若總是在錯誤後被責備而非被鼓勵，他會漸漸對學習產生逃避心態。相反地，一位能在學習中獲得情感回饋、被看見努力的學生，即使遇到困難也較能持續投入。

這提醒我們，在面對學習低潮時，不妨先問問自己：「我現在的感覺是什麼？」、「我在逃避哪一種情緒？」情緒覺察是重新啟動動機的第一步。

啟動動機的實用心理策略

動機不是靠意志力硬撐，而是可以設計與調節的。以下是幾個被證實有效的動機策略：

- 設立小目標：將大目標拆解為短期可執行步驟，減少挫敗感。
- 建立回饋系統：學習過程中設置回饋點，如自我打勾、同儕互評等。
- 覺察情緒阻力：書寫當下感受，辨識是否有內在否定聲音在干擾行動。
- 加入社群或同伴：與人一起學習可以增加責任感與歸屬感。
- 重設意義感：重新連結該任務與自己的長期目標與價值觀。

你不是不想學，而是還沒找到對你真正有意義的學習理由。動機從來不是一種「天生有沒有」，而是一種可以被理解、被觸發、被重新點燃的心理引擎。

第二節　記憶的分類與操作：
　　　　你搞混了短期與長期記憶

你真的知道什麼是「記住了」嗎？

在學習時，我們常以為「記住」就是讀過一遍、考試能答出。但心理學告訴我們，記憶其實分為許多種，其中最基本的分類是「短期記憶」與「長期記憶」。若搞不清楚兩者的差異與運作原理，很容易落入「學過了卻記不起來」的惡性循環。

短期記憶（short-term memory）是大腦暫時儲存資訊的系統，容量有限，平均只能保留約 7±2 個單位（如電話號碼），且保存時間不超過 30 秒。除非這些資訊被主動處理、複誦或與既有知識連結，否則很快就會被新的訊息取代。

長期記憶（long-term memory）則是大腦的「資料庫」，能儲存大量資訊，持續數日、數月甚至一生。從學會騎腳踏車到母語的運用，都是長期記憶的成果。而學習的目的，就是將資訊從短期記憶「轉存」到長期記憶。

記不起來，可能是「根本沒進去」

很多人以為自己記性差，其實問題不在記憶力，而在於「編碼」階段出了問題。編碼（encoding）是資訊進入記憶系統的第一步，若在這一階段沒有足夠注意力、意義連結或多重感官參

第三章　你真的會學習嗎？──學習心理學的現實應用

與，資訊根本無法進入長期記憶。

例如：課堂上只是被動聽講、沒有筆記、沒有舉例說明的內容，很可能只是「短暫停留」在短期記憶，並未真正被「記住」。心理學研究顯示，主動學習（如提問、筆記、討論）比被動接收更能促進記憶轉化。

操作記憶的方式：理解、聯想與重組

如果想讓學過的東西留下來，記憶就不能只是重複，而要進行「操作」（如理解、聯想、重組與提取練習）。艾金生和謝扶潤（Atkinson & Shiffrin）的「多重儲存模型」指出，資訊自感官記憶進入短期記憶，能否進入長期記憶取決於我們如何編碼與複誦；僅靠短暫維持很快就會流失。而「工作記憶」（working memory）則由巴德利與希奇（Baddeley & Hitch, 1974）提出，用以描述對訊息的主動維持與加工——也正是這種主動處理（例如精緻化與組塊）提升了編碼品質，促進內容鞏固到長期記憶。

操作方式包含：

- 理解：將資訊用自己的話重新組織。
- 聯想：與已有知識連結，例如聯想到生活經驗或圖像。
- 重組：用圖表、流程圖、心智圖等方式將資訊視覺化。

這些方法都能幫助大腦更有效處理資訊，提升記憶效率。

第二節　記憶的分類與操作：你搞混了短期與長期記憶

間隔與重複：讓大腦真的記住

長期記憶的形成，需要透過「鞏固」（consolidation）過程，也就是資訊在大腦中被反覆刺激與加強。這個過程最有效的方法是「間隔重複」（spaced repetition），也就是不要在短時間內狂背，而是將複習分散在不同時間點。

例如：

- 第一天學習新概念
- 第二天複習一次
- 第四天再回顧
- 一週後再測驗

研究顯示，這種方式遠比考前熬夜複習（cramming）有效。因為大腦需要「忘記一些，再重新喚起」，這樣的記憶路徑才會更牢固。

記憶是一種被設計出來的結果

記憶從來不是一種「自然發生」的過程，而是可以被設計、被強化的心理技能。若你搞清楚短期與長期記憶的差異，並採取正確的操作策略，你會發現，學習的困難往往不是「我不夠聰明」，而是「我用錯方法」。

第三章　你真的會學習嗎？──學習心理學的現實應用

當你知道怎麼進入記憶、怎麼讓它留下來，你就擁有了真正屬於自己的學習主導權。

第三節　過度努力反而阻礙學習的心理現象

為什麼你越拚命，學習效果卻越差？

「我已經很努力了，為什麼還是記不起來？」這是許多學生在面對考試或學習瓶頸時的常見疑問。在我們的文化中，「努力」幾乎是學習的最高美德，但心理學研究卻指出：過度努力不但無法提高表現，還可能導致學習效率下降，甚至產生挫折與倦怠。

這並不是在否定努力的價值，而是提醒我們：「用錯方法的努力」本質上可能是浪費資源。學習是一種高階認知活動，需要整合理解、記憶、情緒與動機系統，若只是機械性地重複閱讀或長時間熬夜，反而會讓大腦進入認知超載狀態，無法真正吸收與內化資訊。

認知超載效應：當你的大腦太滿

認知心理學家約翰‧斯沃勒（John Sweller）提出「認知負荷理論」（Cognitive Load Theory），指出當學習者面對過多資訊或不合理的內容呈現方式時，大腦的工作記憶（working memory）

第三節　過度努力反而阻礙學習的心理現象

將無法有效處理訊息,進而降低學習成效。

這解釋了為什麼我們在考前臨時抱佛腳時,往往記憶效果不佳,甚至在考場上一片空白。因為大量未經處理的資訊同時湧入,讓大腦來不及分類與轉化,學習反而變成一種焦慮壓迫。

換句話說,學習不是「塞」越多越好,而是「消化」得越有效才重要。當大腦處於壓力下,會傾向啟動自動化反應,導致理解能力下降、注意力分散,反而與「努力想學好」的初衷背道而馳。

心理資源耗竭與動機衰竭

除了大腦處理能力的負荷,心理學也指出「情緒能量」與「自我控制力」是一種有限資源。長時間處於緊繃與自我要求過高的學習狀態,會導致心理資源的耗竭,出現所謂的「學習倦怠」(learning burnout)。

這種情況常見於成績要求高、完美主義傾向強的學生身上。他們往往不允許自己犯錯,並且將學習成效視為自我價值的全部。當成績不如預期時,情緒會迅速崩潰,進一步削弱動機,甚至引發拖延、逃避與自我懷疑。

心理學家卡蘿兒・杜維克(Carol Dweck)所提出的成長型思維(Growth Mindset)正是對此的回應:將錯誤視為學習的一部分,而非失敗的證明,是避免過度努力陷阱的關鍵。

第三章　你真的會學習嗎？—學習心理學的現實應用

休息與間斷的重要性

看似簡單的「休息」其實是學習效率的關鍵要素。神經科學研究指出，大腦在休息狀態（例如睡眠、散步、發呆時）會啟動「預設模式網絡」（Default Mode Network），這是一種處理記憶整合、創意生成與情緒調節的重要系統。

許多突破性的想法與靈感，往往不是在書桌前硬想出來的，而是在洗澡、散步、搭車時自然浮現。這不是偶然，而是大腦在放鬆狀態下運作的成果。當我們不斷逼迫自己「撐著念書」，其實錯失了大腦進行深層整合與反芻的黃金時段。

因此，聰明的學習者會有意識地安排「輸入→休息→輸出」的節奏，而不是一味苦撐。這不代表懶惰，而是懂得如何讓大腦達到最佳工作狀態。

學會「用對力」而不是「用死力」

要避免落入過度努力卻成效不彰的學習陷阱，關鍵在於三個原則：

- ◆ 有策略的分配時間：運用番茄鐘法、間隔學習法等工具規劃學習節奏。
- ◆ 注重理解而非死記：將資訊用自己的話說出來，或教給他人。
- ◆ 與情緒保持連結：在學習過程中保持覺察，不壓抑焦慮，而是理解它從哪來。

努力從來不是錯，但錯的是把努力當成唯一解方。真正高效的學習，是能在適度挑戰與適當休息間找到平衡，在投入與回收之間建立對話。

你不需要再更努力一點，而是更精準一點。這樣的學習，才會真的走進你的大腦，也走進你的人生。

第四節　注意力與分心的腦內戰爭

你的注意力不是壞，而是被設計得容易分心

你有沒有這樣的經驗：坐到書桌前準備讀書，結果五分鐘後卻在滑手機、查天氣、甚至打開冰箱？我們常以為這是自己「自制力太差」，但實際上，大腦的設計原本就容易對新奇、突發、具有情緒刺激的資訊產生注意。

演化心理學指出，人類大腦天生偏好監控環境中的新刺激，以提升生存機率。在過去，注意到草叢的風吹草動可能救你一命；但在今天，這個系統卻讓你無法抗拒 LINE 通知、YouTube 推薦、Instagram 限時動態。

所以，不是你專注力差，而是大腦太正常。現代生活裡的注意力，早已成為一場腦內資源爭奪戰。

第三章　你真的會學習嗎？──學習心理學的現實應用

注意力是有限資源：用過就會耗損

心理學家丹尼爾・康納曼（Daniel Kahneman）在其認知資源模型中指出，注意力是一種有限的心理資源。鮑邁斯特（Baumeister）等人的研究發現，當我們長時間集中精神，大腦會出現「決策疲勞」（decision fatigue），使得注意力變得分散、反應變慢、容易被誘惑。

研究也顯示，長時間切換任務（multitasking）會大幅降低效率，因為每次切換都需要重新分配認知資源與情境設定，導致實際的時間成本與精神負擔增加。這也是為什麼「一心多用」看似厲害，實則是大腦的黑洞。

為什麼我們容易分心：多巴胺的誘惑

分心並不只是外在環境的影響，也與大腦內部的獎賞系統密切相關。每當你點開社群通知、完成一件小事或看到新鮮資訊時，大腦會釋放少量多巴胺，產生微小的愉悅感，讓你「想再來一下」。

這種微型獎賞結構會強化短期注意力轉移，使得人容易形成「分心循環」──讀書五分鐘→滑手機三分鐘→再回來但沒感覺→又被跳出的廣告吸引。久而久之，大腦開始習慣這種高度切換的節奏，進一步削弱深度專注的能力。

第四節　注意力與分心的腦內戰爭

建立注意力環境：從外部開始

要維持穩定注意力，不能只靠意志力，而需要設計外部結構。心理學家福格（B. J. Fogg）提出「行為設計三要素」：動機、能力與觸發，其中「環境」就是觸發行為的關鍵之一。

具體方法包括：

- 物理隔離分心物：將手機放遠、使用網站封鎖工具、設定專屬閱讀角落。
- 時間框架設定：使用番茄鐘法（25 分鐘專注＋ 5 分鐘休息）來訓練集中力節奏。
- 降低切換成本：在學習前列出任務清單，避免在學習中間再決定要做什麼。

環境就像軌道，設得好你才能穩定前進；若放任自己置身資訊轟炸的空間，分心將是自然結果。

訓練專注力，不是壓抑，而是鍛鍊

專注力可以被訓練，就像肌肉一樣。心理學研究指出，冥想練習、深呼吸、單點專注練習（如盯一個目標物 10 分鐘）都能提升注意力的穩定性與復原力。

此外，善用「微任務」也是提升注意力的策略。將學習目標拆分為 10 ～ 15 分鐘的單位，讓大腦感到「可完成」，減少抗拒感。完成後給自己小回饋，強化正向連結。

第三章　你真的會學習嗎？—學習心理學的現實應用

學會「一次只做一件事」、學會讓自己的注意力有節奏、有出口、有練習，才是真正能與分心和平共處的方式。

你不需要戰勝大腦，而是要學會引導它、照顧它，讓注意力成為你的夥伴，而不是你的對手。

第五節　情緒在學習過程中扮演的角色

> 學習不是冷冰冰的知識輸入，而是情緒參與的歷程

傳統上，我們往往將學習視為一種理性活動，只要「背誦、練習、複習」就能記得、理解、運用。然而心理學指出：情緒不僅不干擾學習，它其實是學習的關鍵角色之一。

根據神經心理學研究，大腦中負責情緒處理的「杏仁核」與記憶形成相關的「海馬迴」關係密切。這意味著，當一個學習經驗帶有情緒色彩（無論是興奮、驚訝、焦慮或羞愧），大腦會更傾向「記住」它。換言之，學習若想進入長期記憶，往往需要情緒參與作為觸發。

> 負向情緒未必都是阻力

雖然我們常以為學習應該充滿正能量，但心理學家裴克倫（Reinhard Pekrun）所提出的「控制—價值情緒理論」（Control-

Value Theory）則指出，甚至像焦慮這類負向情緒，只要適度存在，也能提升學習表現。因為焦慮感促使學生提升警覺、預測失誤、加強準備。

問題不在於「有沒有負向情緒」，而在於「這些情緒是否能被辨識與調節」。若學生無法分辨自己的焦慮，或對挫折產生羞恥感而否認學習能力，反而會陷入學習逃避、過度自責的惡性循環。

相對地，一個能覺察情緒、理解焦慮來源、給自己心理支持的學習者，更容易從挑戰中反彈、產生韌性。

正向情緒能擴展認知與創造力

心理學家芭芭拉・弗雷德里克森（Barbara Fredrickson）在其「擴展與建構理論」（Broaden-and-Build Theory）中指出，正向情緒如好奇、喜悅、自豪，能擴張我們的注意力範圍，促進創造性思考與問題解決能力。

這也解釋了為什麼在「玩中學」的情境下，學生往往能自發參與、主動學習，學習效果也比單純記憶更持久。情緒讓知識不只是知識，而是經驗與意義的總和。

在設計學習活動時，若能引發興趣、創造成就感、建立安全感，那麼即便內容再困難，學生也更有可能投入與堅持。

第三章　你真的會學習嗎？──學習心理學的現實應用

情緒調節能力決定學習持久度

學習的路不可能總是一帆風順，一定會有挫折、無聊、挫敗與比較。心理學研究指出，學習成就與「情緒調節能力」高度相關。所謂情緒調節，不是壓抑情緒，而是能在情緒出現時辨識它、處理它、帶著它繼續前進。

例如：當學生感到「我跟不上」時，若能轉為「我需要調整策略」而非「我不行」，那麼他更有可能調整方法而非直接放棄。這樣的轉念能力，是在早期家庭、學校與人際互動中逐漸發展的心理韌性。

這也說明了，真正重要的不只是教會孩子「怎麼學」，更要教他們「遇到學不好時怎麼調整」。這才是長期學習者的關鍵素養。

給情緒一個位置，學習才會有根

我們不該再將情緒當作學習的干擾因素，而應把它納入學習歷程的核心結構中。當我們允許孩子在學習中感受到壓力、挫折、好奇、成就與興奮，並教會他們如何表達與處理這些感受，才能真正讓知識內化成生命的養分。

一個擁有良好情緒素養的學習者，不僅學得好，也學得穩，更能在漫長的學習歷程中保持熱情與彈性。情緒不是學習的敵人，它是我們通往更深理解與更持久記憶的橋梁。

第六節　練習的錯誤迷思：重複 ≠ 精熟

重複不是萬能，它只是開始

在考試季或才藝訓練期間，我們常聽到這句話：「多練幾次就會了！」這句話看似正確，卻容易讓人誤以為只要「反覆操作」就一定能掌握技能。但心理學與神經科學研究告訴我們：練習的效果，取決於它的「質」，而非僅是「量」。

單純重複一個錯誤的動作，只會強化錯誤；重複一種無意識的背誦，只會讓學習停留在表層記憶。真正能促進精熟的練習，必須具備回饋、調整與挑戰成分。換句話說：有效的練習不是重複，而是「帶有意識的修正與轉化」。

錯誤練習會強化錯誤迴路

神經科學家指出，大腦在學習時會透過突觸可塑性（synaptic plasticity）改變神經網絡，進而強化某種行為模式。但如果反覆進行的是錯誤或低效的操作，大腦就會把這些「錯誤」當成正規操作方式，進一步加固錯誤連結。

這在音樂、語言、運動技能訓練中特別明顯。例如：一位鋼琴學生若總在某段彈奏錯誤，卻沒有停下來修正，而是硬著頭皮從頭彈到尾，只會讓錯誤變得越來越自然。這也說明了「練習不會讓你變完美，只有完美的練習才會」。

第三章　你真的會學習嗎？──學習心理學的現實應用

有效練習應包含停頓、覺察、反思與修正，並透過階段性目標逐步建構熟練度。練得多不如練得準。

間隔與變化，勝過連續與重複

研究指出，間隔練習（spaced practice）與交錯練習（interleaved practice）比連續單一重複（blocked practice）更能促進深層學習。所謂間隔練習，是將練習分散於不同時間段，讓大腦有空間整合資訊；而交錯練習則是混合不同題型、技能、內容來練習，讓學習者在選擇與切換中深化理解。

例如：在背單字時，不應該一次背完所有「交通工具」，而是穿插「動物」、「情緒」、「食物」等類別，這會迫使大腦更主動地分類與記憶，有助於真正的內化與應用。這些策略會讓學習變得困難一些，但長期來看能夠更有效促進「精熟」而非「表演」。

精熟的關鍵：挑戰與回饋機制

心理學家羅伯特・比約克（Robert Bjork）提出「可欲困難／理想難度」（Desirable Difficulties）概念，強調學習不該一味簡化，而應設計出適度挑戰的任務，讓學習者在努力克服的過程中更深刻記憶、強化技能。

此外，沒有回饋的練習很容易變成無意識的重複。無論是自我檢測（如做小測驗）、他人回饋（如老師、同儕）或技術分

析（如錄音回聽），都是協助學習者意識到「我做得如何」的重要機制。

這也呼應了「練習不只是做，而是要知道自己做得怎麼樣，並據此調整下一步」。如果練習沒有讓你產生新問題、沒有給你修正機會，那它可能只是浪費時間。

重複為何令人安心，但也可能誤導

為什麼我們會不自覺地偏好重複？因為重複讓人「看起來」進步。例如重複讀一段文字，你會越來越熟悉它，這種熟悉感會被誤以為是「我已經記得了」。但實際測驗時卻會發現，自己根本答不出來。

這種現象稱為「流暢性錯覺」（fluency illusion），是學習中的常見陷阱。它提醒我們，真正的學習不是讓你「感覺學會了」，而是能夠在新情境中靈活運用所學。

因此，與其追求「學起來很順」，更應設計「學起來會卡住但能突破」的練習。那些卡住與突破的瞬間，才是真正學習發生的地方。

好的練習，是有策略、有難度、有反思的練習

如果你還在用「多做幾次」來安慰自己，也許該改成：「我今天多做了幾次正確的練習方式嗎？」真正有效的練習，不是為

了重複而重複,而是每一次都比上一次更精準、更有挑戰、更有意義。

不要讓自己沉迷於假象的熟悉與重複中,精熟來自有意識、有策略、有回饋的練習歷程。這才是把知識內化成技能,把技能升級成智慧的學習之道。

第七節　如何創造屬於自己的學習策略

> 沒有一種方法適合所有人

在學習的過程中,最常見的錯誤之一,就是「照抄別人的方法」。我們看到高手這樣安排時間、考生那樣做筆記,就以為只要模仿就能成功。但心理學與認知科學早已指出:真正有效的學習策略,必須與個體的認知風格、情緒特質、動機來源、甚至生活節奏「對得上拍」。

就像同樣一本書,有人習慣畫線、有人喜歡寫筆記、有人要大聲朗讀才進得去。你需要的不是「最厲害的學習法」,而是「最適合你自己大腦的學習路徑」。這需要測試、調整、覺察與設計,才能慢慢發展出你專屬的學習系統。

第七節　如何創造屬於自己的學習策略

學習風格不是分類，是對自我學習感受的掌握

傳統上，學習風格常被簡化成「視覺型、聽覺型、動作型」，但現代心理學已指出，這類分類過於僵化，且缺乏實證支持。真正重要的不是「你是哪一型」，而是「你在什麼情境下最容易進入學習狀態」。

學習策略應該根據任務性質與內容類型彈性調整。例如：記憶類型的學習（如單字、公式）可能適合製作記憶卡或用圖像輔助；理解概念時，則可能需要自問自答、思考應用情境。

因此，與其尋找自己是什麼類型的學習者，不如觀察自己在不同內容、時間、心情下，哪種學習方式最有感、最有效。

從「做過什麼」轉為「為什麼做這樣」的意識

很多人列了滿滿的學習計畫與時間表，但實際執行時卻發現效果有限。問題不在「做得不夠」，而在「做的方式沒想清楚」。

學習策略要從「機械執行」進化為「策略意識」，也就是：你為什麼選擇這樣複習？這個筆記是為了加深理解還是為了之後好找資料？這堂課你打算主動整理還是被動接受？

當你在每一次學習行動前多問一個「為什麼」，你就在建立屬於自己的學習模型。學習不只是行為，也是選擇與判斷的練習。

第三章　你真的會學習嗎？—學習心理學的現實應用

小實驗：用最小單位測試最適學法

要找到適合自己的學習策略，不需要大規模改變，而是可以從「最小學習單位」開始測試。舉例來說：

- 同一份內容，用三種不同方式學習（聽講／閱讀摘要／畫心智圖），觀察記憶與理解差異。
- 嘗試不同時間學習（早晨、午休、夜晚），記錄注意力狀態與投入感。
- 比較在圖書館、咖啡廳、家裡書桌的學習效率與分心指數。

透過這些微型實驗，你會開始掌握「什麼情境讓我最容易進入狀態」、「哪種操作讓我感覺進步」。這些經驗會幫助你慢慢建立一套屬於自己的策略系統，而非依賴別人的成功樣板。

真正的學習高手，是自己策略的設計者

學習策略從來不是固定格式，而是一套動態系統。當你會主動調整策略、會在遇到卡關時找替代方案、會觀察自己的學習歷程並據以修正，你就已經成為自己的學習教練。

這不只是為了考試更有效率，而是為了讓學習這件事不再只是「被逼著做」，而是「我知道自己為什麼這樣學、怎麼樣學得更好」。這份覺察力與調整力，是終身學習的核心能力。

第七節　如何創造屬於自己的學習策略

你不是一個依賴學習法的人,而是一個可以創造學習法的人。這樣的你,才真正掌握了學習的主導權。

第三章　你真的會學習嗎？──學習心理學的現實應用

第四章
說話這麼難，是因為心理沒對頻

第四章　說話這麼難，是因為心理沒對頻

第一節　傾聽是溝通中最被忽略的能力

> 你以為你在聽，其實你在等著說

在人際互動中，我們往往認為「能說」就是會溝通，卻忽略了「會聽」才是溝通的起點。真正的傾聽，不只是耳朵接收聲音，更是一種主動的、情緒參與的理解行為。心理學家卡爾・羅傑斯（Carl Rogers）指出：「當你真正被理解的時候，是改變開始的時刻。」這句話其實也提醒我們──傾聽比說服更能促成改變。

多數人在對話中其實不是在聽，而是在「等待輪到自己說話」的機會。我們忙著準備回應、心裡浮現反駁、甚至已經在替對方下結論，這些行為都阻斷了真正的理解。這樣的溝通表面上在互動，實際上卻只是兩個人各說各話。

> 同理傾聽：從「我聽見你說什麼」
> 到「我感受到你是誰」

真正的傾聽包含兩層次：一是內容的理解，一是情感的共鳴。心理學中的「同理傾聽」（empathic listening）強調的是：用對方的角度去理解語言背後的情緒與需求。

例如：當一位朋友說「我真的受夠了工作」，表面上是抱怨，實際上可能是「我覺得沒人看見我的努力」的心聲。如果我們只是回應「你就離職啊」，那是功能性的建議，但如果能回應「你

第一節　傾聽是溝通中最被忽略的能力

是不是覺得很累，卻沒人理解你？」這樣的反應才是情緒上的共感，也才會讓對方感受到被傾聽。

同理傾聽的關鍵不在提供解決方案，而是讓對方知道「他的感受被看見了」。這份被看見，是建立信任關係的起點。

阻礙傾聽的心理偏誤

我們在溝通中之所以難以真正傾聽，除了注意力分散，還有一些根深蒂固的心理偏誤：

- ◈ 確認偏誤（confirmation bias）：只聽見符合自己觀點的話，忽略或否定其餘訊息。
- ◈ 投射偏誤（projection bias）：將自己難以承認的情緒或動機歸因於對方，因而誤判其真實狀態。
- ◈ 預設立場（premature judgment）：還沒聽完就決定對方是對還是錯。

這些偏誤會讓我們在未理解前就急於分類、評價與應對，使對話變成自我認知的強化，而非雙向交流。

傾聽技巧的實用原則

傾聽是一種可以練習的心理技能。以下是幾個實用策略：

- ◈ 反映與重述：用自己的話簡單重述對方內容，確認理解一致（例如：「你是說你覺得……？」）。

- 保持中立態度：在尚未聽完之前，不急著下評論或建議。
- 觀察非語言訊號：注意語調、表情、身體姿勢，這些訊號往往比語言更誠實。
- 給出沉默的空間：適當的沉默會鼓勵對方繼續表達，也能給自己時間內化內容。

這些看似簡單的技巧，若能內化成習慣，將大幅提升我們的理解力與人際品質。

傾聽讓關係進入真實對話

真正的關係，是在被理解與理解他人的過程中建立的。當我們放下「一定要有回應」的壓力，專注在「我現在在聽你說什麼、你希望我明白什麼」的當下狀態，溝通會變得柔軟、有彈性、也更有深度。

有時候，最有力的對話，不是說出什麼驚人之語，而是你讓對方覺得：「原來我的聲音有被聽見。」

傾聽，是最溫柔卻最具力量的溝通技巧，也是我們在人際關係中最容易忽略，卻最需要修練的心理素養。

第二節　為什麼你會覺得被誤解？

被誤解的感覺，不只來自別人的耳朵

在溝通中，許多人都有這樣的經驗：明明我說得很清楚，對方卻完全理解錯誤；或者，我只是想表達情緒，對方卻回我一堆解決方法。這種「我說的是 A，你聽到的是 B」的落差，會讓人感到挫折、無力，甚至懷疑自己是否不善溝通。

但心理學指出，感覺被誤解，往往不只是對方沒聽懂，更是我們與對方「心理狀態沒同步」。當說話者與聽話者的期待、情緒、認知架構不一致時，就算語言正確，傳遞出來的訊息也會被扭曲。

心理濾鏡：你怎麼說，取決於你怎麼感覺

我們在說話時，並不是一個純理性的「語意輸出者」，而是夾帶著情緒、脈絡與過往經驗的「心理投影者」。例如：一個人說「今天真的很累」，有時是單純陳述，有時是希望被關心，有時甚至是想表達不滿，若聽話的人只抓語意表層，卻忽略語境與情緒，就會產生理解錯誤。

心理學家保羅・艾克曼（Paul Ekman）指出，語言表達常受限於情緒的「濾鏡效應」——我們說出口的話，其實經過內在情緒狀態的轉譯。例如焦慮的人可能語氣急促，悲傷的人容易語

第四章　說話這麼難，是因為心理沒對頻

焉不詳，而這些都會影響對方的理解。

也就是說，溝通的誤解往往不是在語言層次發生，而是在「語氣、節奏、情緒線條」這些心理元素的落差中發生。

對話的期望差異，是誤解的溫床

你有沒有這樣的經驗：你只是想抒發情緒，對方卻急著給建議；你期待對方說點安慰話語，對方卻冷冷地回應「這沒什麼大不了的」。這些誤解的發生，其實源於「對話角色的期待不一致」。

心理學家指出，在每次對話中，我們都隱約帶著對「角色功能」的假設——我現在是訴苦者、你是接住者；我是在詢問、你應該給答案。但若雙方對話框架不同，語言就會出現「角色錯配」的問題，導致雙方都感到失望甚至挫折。

因此，很多誤解不是表達錯了，而是沒先對齊：「我現在說這段話，是希望你聽我說完，還是希望你給我建議？」這樣的對齊，是避免誤解最實際的起點。

過去經驗如何干擾當下理解

我們的大腦並不是中立的訊息接收器，而是根據過去經驗不斷進行「預測與比對」的運算器。這意味著，我們在聽一段話時，腦中其實已經在「猜」對方是什麼意思，並用自己的經驗資

料庫來解讀。

這種機制雖能節省大腦資源,卻也容易產生錯誤推論。例如:一個曾經多次被批評的人,在聽到朋友說「這件事你怎麼會做成這樣?」時,可能立刻聯想到「我又被否定了」,即使對方只是好奇或關心。

這種來自童年、親密關係、職場經驗的「記憶濾鏡」,會讓我們在對話中提早套用過往劇本,忽略當下語境,也就種下了誤解的根源。

要被理解,先學會讓對方好理解

我們無法控制對方的理解方式,但我們可以提升自己的表達清晰度。有效溝通者往往會:

- ◈ 說出自己的情緒意圖(「我不是要責備,而是有點擔心……」)
- ◈ 避免雙關、暗示、迂迴的語句
- ◈ 在重要訊息後主動確認(「你會怎麼理解我剛才說的?」)
- ◈ 覺察自己的情緒狀態與語氣一致性

當我們願意多花幾秒去整理語言,清楚標示情緒、期待與語境,就更容易跨過心理落差這道牆,讓對方接收到真正的訊息核心。

你不是一直被誤解,而是多數時候,我們都以為「說出口」

第四章　說話這麼難，是因為心理沒對頻

等於「被聽懂」。真正的溝通，不只在語言，也在心理對頻的細節裡。

第三節　非語言訊息如何影響對話判讀

你說的話，和你傳達的訊息，可能完全不同

當你說「沒事啦」時，臉上的苦笑、眼神的迴避、語氣的低落，可能早已出賣了真正的情緒。在人際溝通中，語言只是表面，真正傳遞情感與意圖的，往往是非語言訊息——也就是表情、姿態、聲音、停頓與距離等行為表徵。

心理學研究指出，非語言訊息在溝通中所占比重極高。美國心理學者艾伯特·麥拉賓（Albert Mehrabian）提出「7-38-55 法則」：當語詞與非語言線索不一致，且任務是判斷說話者的好惡／態度時，聽者會較依賴語調與表情，而非語詞本身。

表情與語調：隱藏不住的情緒線索

人的臉部肌肉結構高度精密，細微變化往往比語言更誠實。心理學家保羅·艾克曼（Paul Ekman）對「微表情」的研究指出，微表情反映的是短暫且難以抑制的情緒線索，尤其在個體試圖隱藏或壓抑情緒時較可能出現。

第三節　非語言訊息如何影響對話判讀

此外，語調中的音高、語速、重音變化，也是關鍵指標。當一個人說話聲音發抖、語速突然加快或變慢，都可能是緊張、不安、憤怒或壓抑的情緒徵兆。這些細節若能被聽出來，將有助於我們更全面地理解對方的內在狀態。

身體距離與空間使用，透露關係狀態

人與人之間的空間感（proxemics）也是非語言溝通的重要成分。心理學家愛德華・霍爾（Edward Hall）指出，人在互動中會根據關係親密程度，自動維持某種「心理距離」：

- 親密距離（0～45 公分）：通常只給親人、伴侶進入
- 個人距離（45 公分～1.2 公尺）：朋友與熟人之間的距離
- 社交距離（1.2～3.6 公尺）：工作、正式場合常見

當一個人習慣與你保持過遠距離，或不自然地靠近，往往代表著內在的不安、壓力、權力動態或信任感不足。善於觀察這些空間訊號，能幫助我們理解「說不出口」的心理距離感。

手勢與動作：潛意識的語言

從不自覺地摳手指、撥頭髮，到強勢比劃手掌、握拳，這些看似無意的肢體動作，都是潛意識在「說話」。心理學指出，人在焦慮時會有自我安撫行為（如摸脖子、抱臂），在自信時則會展現開放姿勢（如打開手臂、直視對方）。

第四章　說話這麼難，是因為心理沒對頻

若能覺察自己和他人的肢體語言，會更容易辨識情緒狀態與關係質感，也更能在需要時調整表達方式。例如：當對方抱臂、身體後傾時，可能意味著防衛與不信任，這時可先緩和語氣與語速，營造安全氛圍，幫助對方打開對話空間。

非語言的理解，是建立溝通品質的基礎

許多溝通誤解，其實不是語意錯誤，而是「訊號落差」——我說的是對的話，但我的臉、聲音、動作卻讓對方感覺不一致。這種「非語言矛盾」會讓對方產生混亂，甚至懷疑我們的誠意。

要提升溝通品質，除了講對的話，更要說出「一致」的訊息，也就是語言與非語言的一致性。同時，也要學習敏感接收他人的非語言訊息，並適時回應：例如對方眼神遊移時給出關心、對方語速加快時適時停頓，這些都是讓對話更真實、關係更有連結的方式。

你以為你在聽對方說什麼，但其實你讀的是他整個人。而你發出的訊息，也從不只是語言，而是整個心理狀態的總和。非語言，是我們每天都在用、卻最容易忽略的溝通關鍵。

第四節　情緒濾鏡：你在說話還是在防衛？

說話，是表達還是防禦機制？

「我只是陳述事實，他幹嘛那麼激動？」、「我不是凶，是他自己太敏感。」在這些日常對話中，很多時候，我們以為自己在溝通，實際上卻是在運作一套防衛系統。心理學指出，人說話的方式與內容，往往不只是訊息的傳遞，更是「自我保護」的展現。

心理防衛機制是佛洛伊德（Sigmund Freud）心理動力理論中的核心概念，指的是人在面對壓力或威脅時，為了維護自我穩定所產生的無意識反應。這些機制可能以語氣、話題切換、語言態度等方式表現出來，讓對方誤以為你在交流，實際上你是在防衛。

情緒濾鏡讓語言失真

當我們帶著情緒說話時，語言就會被情緒濾鏡扭曲。憤怒時的語言容易變尖銳、指責；焦慮時則趨於重複、急促；悲傷時語言變得模糊、斷裂。這種失真的語言訊息，不只讓對方難以接收，也容易造成雙方理解錯位。

舉例來說，一位母親在面對孩子不寫功課時，可能說出「你到底想怎樣？我這麼辛苦你都沒看見！」語言上是在質問孩子，實際情緒卻是失落、無助與想被理解。如果說話者無法辨識自

第四章　說話這麼難，是因為心理沒對頻

己真正的感受，就會讓防衛性的語言主導對話，阻礙真實的情感交流。

常見的語言防衛型態

根據心理治療實務觀察，人們常見的語言防衛方式包括：

- 反擊式語言：用質問或責備來迴避自己的脆弱（如「你自己不也一樣！」）。
- 理性過度包裝：用過度理性的語言冷處理情緒（如「我們先談邏輯」），實則迴避情緒。
- 轉移話題焦點：跳過原始議題，引導到自己熟悉或較有掌控的領域。
- 冷漠語氣掩蓋情緒：聲稱沒事、語氣平淡，實際上正在壓抑情緒波動。

這些語言防衛機制本質上是自我保護，無可厚非。但若未察覺，便容易讓溝通成為情緒閃躲與立場對抗的場域，而非真實連結。

從覺察到調整：對自己的話負責

想突破防衛式溝通，第一步是練習在每次說話前問自己：「我說這句話，是為了表達，還是為了防衛？」、「我背後的情緒是什麼？我有在說出來嗎？」

這樣的自我反思能幫助我們重新接觸自己的情緒本體，進而選擇更坦率與真誠的說法。例如將「你到底要怎樣？」轉為「我有點不知所措，我不知道怎麼幫你，也有點累了」，這樣的語句可能脆弱，但也更有可能讓對方聽見你真正的需要。

溝通不是隱藏情緒的技巧，而是讓情緒可以被安全地說出來的橋梁。

真正的說話，是情緒有被安置的說話

在一段成熟的對話中，不是誰比較冷靜、誰論點更強，而是雙方是否能「安置自己的情緒」，不讓情緒操控語言，也不讓語言成為防衛。當一個人能夠說出自己的真實感受，不用攻擊、不用躲避，也不假裝堅強，這樣的說話才真正具有力量與影響力。

真正有效的溝通，不是技巧上的高明，而是情緒上的誠實。當我們不再拿語言作為盾牌，而是作為情感傳遞的容器，說出來的話，才有可能被聽見，也才可能觸及人心。

第五節　社會文化與語境中的心理落差

話語背後藏著整個文化脈絡

「同一句話，不同人講，聽起來完全不一樣。」這句話道出了語言與文化之間微妙的關係。在溝通中，語言不只是個人表達

第四章　說話這麼難，是因為心理沒對頻

的工具，它還深深嵌入了說話者所處的社會文化、階級位置、世代習慣與語境規則中。換句話說，對話永遠不是在一個「中立空間」中進行，而是帶著背景、價值觀與隱性規範的互動。

當我們覺得「對方怎麼都不懂我在說什麼」，有時候不是因為語意不清，而是「文化預設」不同。這種落差，往往比語言本身更難被察覺，卻更容易導致誤解與衝突。

高語境與低語境文化的落差

人類學家愛德華・霍爾（Edward Hall）提出「高語境文化」（high-context culture）與「低語境文化」（low-context culture）的區分，是理解文化語境差異的經典架構。高語境文化強調語言背後的非語言訊息、關係、暗示與潛臺詞，常見於東亞、阿拉伯、拉丁文化；而低語境文化則偏重語言本身的明確性與直接性，多見於北美、德國、北歐地區。

在高語境文化中，說話者常預期對方「會懂我的意思」，甚至刻意避免明說，以示禮貌或尊重；但在低語境文化中，不說清楚就等於沒說。這種文化差異如果未被覺察，就容易產生「你怎麼那麼難溝通」、「你怎麼不懂暗示」等落差。

在臺灣社會中，高語境文化根深蒂固，許多對話其實藏著非語言訊號與潛臺詞：長輩說「你最近還好嗎？」其實可能是在問「你是不是失業了？」這種「講話要有分寸」的文化規範，讓跨文化、跨世代對話更需要耐心與釐清。

第五節　社會文化與語境中的心理落差

社會位置影響語言權力

除了文化差異，個人在社會結構中的位置也會影響溝通的語氣與策略。社會心理學指出，人們在面對權威、階級差異、性別角色期待時，說話方式會自動調整，產生「語言權力不對等」的現象。

例如：一位實習生對主管的回應，可能過度謙遜、不敢表達異議；或是某些性別角色下，女性在表達憤怒時會傾向「隱性表達」以避免被貼上情緒化標籤。這些現象不是溝通技巧的問題，而是社會文化長期運作下的心理內化結果。

當我們無法說出真實感受、或覺得「我不被允許這樣說」，就是社會語境在話語中發聲。理解這點，能讓我們更有同理地看待「不敢說話的人」，也更清楚自身語言背後所扮演的文化角色。

語境錯位造成的心理壓力

當我們進入一個不熟悉或文化價值觀不同的語境，容易產生一種「我說不出話來」的心理緊縮。這不只是語言陌生，而是一種語境的不適應。心理學家指出，語境錯位（context mismatch）會導致人出現自我懷疑、焦慮、過度小心翼翼的行為，長期下來甚至影響自我認同。

例如：從鄉村到城市，或從在地文化進入國際職場，說話方式、節奏與應對風格若未被調整，就容易被誤解為「不專業」、「不合群」。這種誤解對心理造成的壓力，遠大於語言內容本身。

第四章　說話這麼難，是因為心理沒對頻

> 從語境覺察開始，建立跨界理解

要跨越語境差異帶來的心理落差，第一步是「語境覺察」：知道你和對方所處的文化與角色背景是否一致；知道自己是否在不知不覺中內化了語言壓抑；知道你期待的回應，是不是來自一套特定的文化規範。

溝通不是放諸四海皆準的語言技巧，而是對「我說這句話時，我的語境是什麼？」的覺察。當我們開始用這種角度聽話與說話，就更能同理對方背後的文化結構，也更能練習把語言說得有位置、有深度。

真正的溝通，從來都不只是說對的話，而是活在對的語境裡，說出彼此能接得住的話。

第六節　沒有標準答案的溝通困境

> 為什麼學了這麼多溝通技巧，還是說不好？

在書店、網路或課堂中，我們不乏見到各種溝通技巧指南，從「如何說話更有說服力」到「三句話化解衝突」，彷彿只要掌握正確說法，所有人際問題都能迎刃而解。但實際上，你可能也發現：照著說了，對方還是生氣；小心翼翼表達了，卻還是被誤解。

這不是技巧用得不夠熟練，而是我們忽略了一個根本問

第六節　沒有標準答案的溝通困境

題——溝通本來就沒有標準答案。每一次對話，都處在獨特的情境中，參與者的心理狀態、關係歷史、社會背景與當下情緒都牽動著語言的效果，這些複雜因素讓溝通成為一場「動態協商」而非固定規則的套用。

同一句話，落在不同人耳中就有不同效果

溝通不是在「傳話」，而是在「創造意義」。同一句話，例如「你這樣做不太好吧？」在親密伴侶耳中可能是關心，在職場長官聽來可能是挑戰，在不熟的朋友眼中可能是批評。這些反應差異並非語言本身造成，而是關係脈絡與角色認知的投射結果。

心理語言學指出，語言的意義並不在話語本身，而是在雙方共同建構的過程中被賦予。因此溝通效果的關鍵，不是「我怎麼說」，而是「我們怎麼一起理解這句話」。

這也意味著，即使你的語言結構無懈可擊，只要對方帶著防衛、誤解或期待落差，那句話的意義就會被重新編碼，進而引發錯誤解讀。

雙重關係：語言背後的關係權力

每一次溝通，不只是在傳達訊息，也在隱含地協商彼此的地位與角色。溝通理論學者保羅・瓦茲拉維克（Paul Watzlawick）強調，人際溝通同時包含內容層次（講了什麼）與關係層次（誰對誰說），而後者往往主導前者的解讀。

例如：一位老師對學生說「你今天怎麼這麼安靜？」可能是關心；但若同樣的話出自同儕，可能就是質疑或揶揄。語言帶著關係定位，而關係本身也決定了語言的效力。

因此在溝通中，我們不能只問「我講的是對的話嗎？」還要問「這句話在這段關係裡怎麼被解讀？」

情境中的模糊性與解釋空間

真正的溝通困境，往往不是因為話沒說清楚，而是因為話無法被「單一解讀」。在情緒高度張力的情境中，人往往傾向「選擇性理解」，也就是只聽進自己能接受或符合期待的內容。

例如：在爭吵中說「我只是希望你重視我一點」的原意是想表達需求，但對方可能只聽見「你又在指責我不夠好」。這不是因為你講錯，而是因為情緒濾鏡與互動歷史共同扭曲了語言的進入路徑。

這種多重解釋的空間讓溝通失去了單一標準，使得「說對話」變得格外困難。越在意的人際關係，越容易陷入這種「講了反而更錯」的溝通泥淖。

從「正確說法」轉向「彈性理解」

若我們承認溝通沒有標準答案，那麼最重要的溝通素養不在於完美說法，而是「彈性理解」與「持續協商」的能力。與其追

求一次講對、講清，不如培養在被誤解時不焦躁、在被挑戰時不急於防衛的心理韌性。

具體作法包括：

- ◆ 允許自己修正說法：給彼此「重講一次」的空間
- ◆ 確認對方的解讀：「你聽到我這樣說，會不會覺得我在怪你？」
- ◆ 承認語言的局限性：「我不知道怎麼說才準確，但我想讓你知道我在意你」

這些表達方式，看似不完美，卻是溝通真實性與彈性的最佳體現。

當你願意承認「我可能說得不夠好」，對話才有機會繼續；當你不急著被理解，而是願意繼續理解對方，溝通就從說服變成了陪伴。真正有效的對話，從來不是準確的，而是持續的。

第七節　真正的溝通，其實是理解而不是說服

說服是想贏，理解是想靠近

我們在多數溝通場合中，常不自覺地進入一種「我說服你」的模式：證明我對、讓你接受、改變你的想法。這種說話的出發點，其實是關於「控制」與「優勢」。而理解，則是另一種姿態──它不尋求改變對方，而是試圖靠近對方的世界。

第四章　說話這麼難，是因為心理沒對頻

心理學家馬歇爾・羅森堡（Marshall Rosenberg）在非暴力溝通理論中指出：「真正的連結，來自於理解對方的感受與需要，而非贏得一場觀點之爭。」這段話提醒我們：若溝通的目的是「我要說服你」，對話往往變成權力遊戲；若目的是「我想理解你」，才有可能創造真正的連結與變化。

說服容易引發防衛，理解才能創造打開

說服的前提是「你需要被改變」，這本身就隱含著「你錯了」的立場。而被說服的一方，則容易啟動心理防衛機制，例如反駁、否認、冷漠，甚至刻意唱反調。這些反應不是因為不講理，而是因為感受到被侵犯、自尊被挑戰。

理解則不同。理解是「我聽見你怎麼看世界」，不代表我同意、不代表我支持，而是我願意陪你走一段。這種開放與不設防的態度，反而更容易讓對方也卸下武裝，進入真實的對話空間。

研究指出，人在被理解時，大腦中的社交報酬系統會被啟動，進而產生親近、安全與信任感。換句話說，理解不是一種軟弱的讓步，而是一種讓對話更深入的社會智慧。

溝通的目的是讓兩個世界彼此可見

很多溝通問題，其實不是誰對誰錯，而是彼此活在不同的心理地圖裡。家庭價值觀、成長經驗、語言文化、性格習慣，都

第七節　真正的溝通，其實是理解而不是說服

形塑了我們看事情的方式。而理解的本質，就是願意離開自己的地圖，去看看對方怎麼走路。

舉例來說，一位父親對兒子說：「我年輕時哪有這麼多選擇，你們現在真是太幸福了。」這句話若單純從字面理解，可能是比較、責備。但若能深入理解父親的生命歷程，就會聽見這句話背後其實是「我羨慕你能選擇，但也害怕你選錯」。這時候，對話的焦點就不再是「你憑什麼說我幸福」，而是「你是不是也有沒被理解的青春」。

理解讓對話從語言的表層，走進人與人之間的心理地景。

不是每次都要解決問題，有時只要一起存在

我們太習慣把對話當成解決問題的場域，彷彿沒有結果就等於沒效。但很多時候，最深刻的對話並沒有「結果」，只有「陪伴」。

例如一位朋友說「我最近覺得很累，很懷疑自己是不是適合這份工作」，若我們立刻跳出建議：「你可以換啊、去進修、調整心態」等等，反而讓對方覺得「你不懂我在累什麼」。但如果我們只是回答：「那你最累的時候，是什麼感覺？」這個提問就會讓對話打開，讓對方感覺「我可以被理解」。

理解的力量，在於它給了彼此一個「能停下來」的空間。那種空間，不急著找解法、不急著辯對錯，而是讓彼此的狀態可以被接住。

第四章　說話這麼難，是因為心理沒對頻

> 理解是最深的溝通，也最需要練習

　　理解不是天生的能力，而是需要持續練習的心理技能。練習不評斷地聽、練習好奇對方的立場、練習容許彼此的不同。這些能力比起「怎麼說話比較有效」更重要，因為它決定了說話能不能變成關係的橋梁。

　　我們無法保證每次都被理解，但我們可以成為一個更願意理解的人。真正的溝通，不是贏得一場對話，而是建立一種可以長久對話的關係。

　　理解，是最具穿透力的說話方式。它不聲張，卻最有力。

第五章
　你以為你在選，其實是被推著走

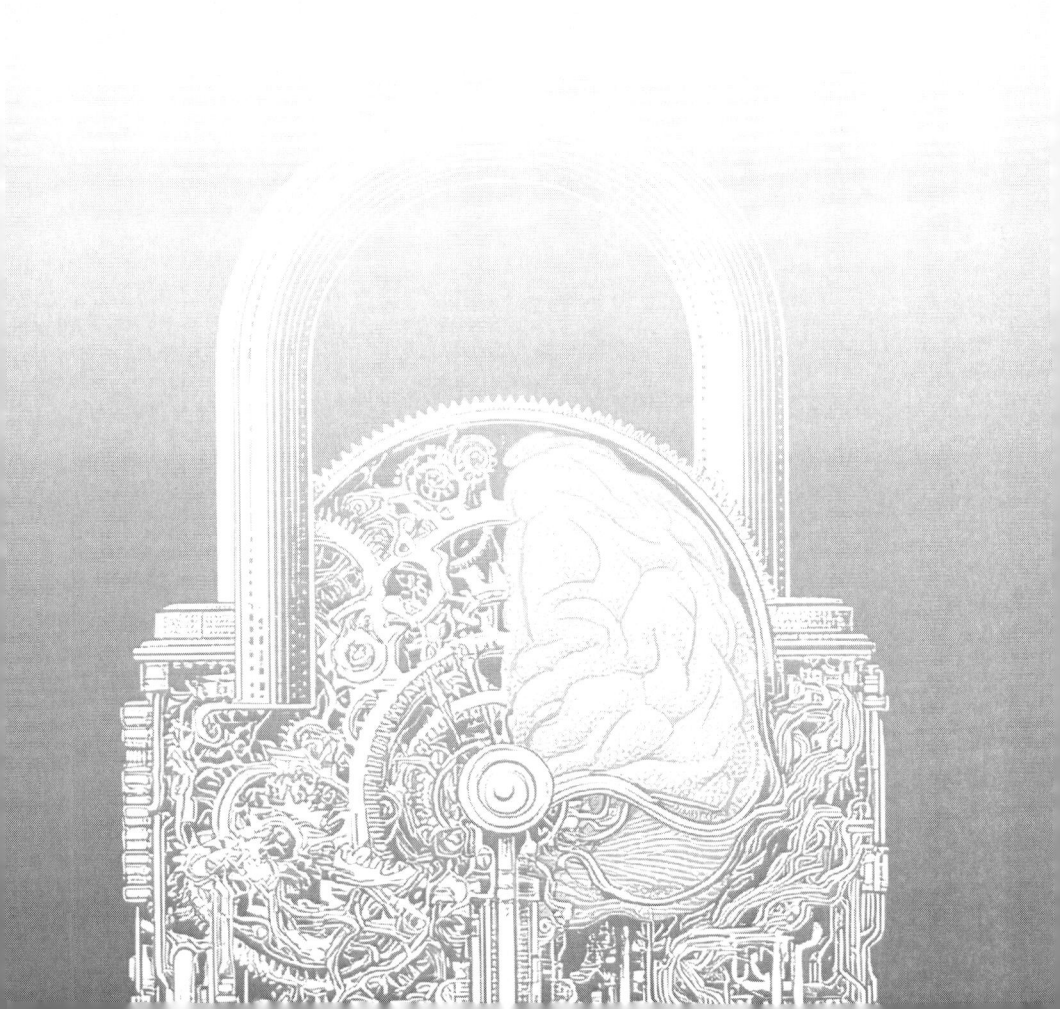

第五章　你以為你在選，其實是被推著走

第一節　決策心理學：選擇困難症的背後

選擇多，不代表自由多

你有過這樣的經驗嗎？打開外送平臺，滑了二十多家店，卻怎樣也選不出晚餐；或是站在超商飲料櫃前，看著琳瑯滿目的選項，卻轉頭買了白開水。這種困難，並不是你懶惰，也不是你優柔寡斷，而是「選擇」這件事，本身就比我們想像中更複雜、更容易讓人疲憊。

心理學家貝瑞・史瓦茲（Barry Schwartz）在其著作《選擇的弔詭》（*The Paradox of Choice*）中指出，過多的選項不一定讓人更自由，反而會讓人更焦慮、更後悔、更難決定。他稱之為「選擇悖論」：看似自由的選擇，其實可能是壓力與自責的來源。

選擇的背後，不只是理性的計算，更涉及情緒負擔、責任投射與社會比較，這正是決策心理學所揭露的現代困境——我們看似擁有選擇，其實只是被更多壓力困住。

選擇困難，是大腦的節能機制

從認知心理學的角度來看，「選擇困難症」並不是一種缺陷，而是大腦為了節省認知資源而發展出的策略。大腦每天處理數千個決策，從早餐吃什麼、穿什麼衣服，到工作順序與人

際回應。若每個選擇都要從頭分析、比較、預測結果，大腦將耗盡能量。

因此，大腦會發展出一些自動化機制，例如：依賴習慣、直覺反應、選擇最熟悉的選項，這些都是所謂「啟發式」（heuristics）的表現。這種快速、節能的決策方式，在多數情境中確實有效。但當選項過多或情境複雜時，這些機制反而導致拖延、焦慮與後悔。

選擇困難，其實是大腦在告訴你：「這裡沒有明顯的對與錯，你需要時間整理自己真正的需要。」

決策時的情緒干擾

心理學家安東尼奧・達馬西奧（Antonio Damasio）在神經心理學研究中指出，人類做決策時無法完全排除情緒因素。他發現，即使邏輯能力完好，若大腦中與情緒相關的區域受損，個體會無法做出決定。這說明情緒不是決策的阻礙，而是必要條件。

當我們感到焦慮、害怕後悔、擔心評價時，這些情緒會大幅干擾決策品質。甚至有時候，我們做出一個選擇，只是為了逃離「不選的痛苦」，而非真正相信這是最好的選擇。

理解這層機制，有助於我們更溫柔地面對自己的選擇障礙：你不是不夠聰明，而是情緒暫時占據了你的決策系統。

第五章　你以為你在選，其實是被推著走

決策的社會心理壓力

除了個人因素，社會文化也深刻影響著我們的選擇。從小到大，我們被教育「選對很重要」，選錯就要負責。而在社群媒體時代，每個人的選擇都可能被放大檢視，從大學科系、職業、婚姻到旅遊地點，都可能成為他人評論的素材。

這樣的氛圍讓我們在做選擇時，無法單純考慮自己，而會過度在意他人的眼光。於是，「我想選的」變成「別人覺得我該選的」，真正的自我意願被壓縮、模糊甚至消失。

當選擇不再只是自己的事，而成為展現價值的社會符號時，選擇本身就變得沉重，甚至令人麻木。

如何與選擇困難共處

選擇困難無法完全消除，但可以被理解與調節。以下幾個策略或許有助：

1. 先釐清目標，而不是直接比較選項

問自己「我到底想要什麼感受／結果」，而不是從一堆選項中找最小痛苦。

2. 設定界線與時限

限定考慮的選項數量，並給自己一個「做決定的時間」，避免陷入無限拉扯。

3. 記得沒有完美答案

再好的選擇都有缺點,重要的是「這是否符合此刻的我」。

4. 從微小選擇練習決策肌肉

例如每天早上三分鐘內決定穿什麼、晚上睡前寫下明天的三個行動重點。

5. 練習放下後悔的習慣

你不是神,也無法預知一切。做過選擇後,相信當時的你有其理由。

當我們能意識到「選擇困難」背後的心理與社會結構,便能更有意識地與它共處,而不是一味責怪自己不夠果斷。

選擇,是一種心理成熟的過程

真正重要的,不是每次都選對,而是你願不願意為自己的選擇負責、從中學習、理解自己的價值觀。選擇困難,正是你內在世界開始對話與協商的過程,它提醒我們:選擇,不是給別人看的答案,而是對自己誠實的行為。

你以為你在選,其實你的選擇方式,早已透露你被什麼推著走。而當你看見這一點,就是你重新主導選擇的開始。

第五章　你以為你在選，其實是被推著走

第二節　機會成本 vs. 情感成本：你怕錯過什麼？

每一次選擇，都是一次告別

在經濟學中，選擇的代價被稱為「機會成本」(opportunity cost)：你選擇了 A，就等於放棄了 B 所能帶來的價值。然而，在現實生活中，人們在做決策時，往往不是被經濟計算壓垮，而是被「情感成本」困住，也就是那些難以量化、但卻影響選擇的情緒負擔，例如：對未來的懷疑、對過去的眷戀、對關係的愧疚。

心理學指出，真正讓人無法下定決心的，常常不是不知道哪個選項比較好，而是害怕做了決定後，「萬一錯了怎麼辦？」這種恐懼既包含了對機會成本的焦慮，也深藏著對情感成本的逃避。而我們所有的遲疑與焦慮，正是從這兩種成本的拉鋸中生出來的。

機會成本：你在失去看不見的可能性

當我們選擇某一條路時，就勢必放棄其他路可能的發展。這些未曾發生、也無法證明會更好的「可能性」，反而成了最大的心理壓力來源。

舉例來說，一位大學畢業生決定留在家鄉接下父親的企業，放棄了外地的研究所機會。雖然理性上他知道這樣能更快進入職場，卻仍常常懷疑：「如果我去了，也許今天的我會更自由？」

第二節　機會成本 vs. 情感成本：你怕錯過什麼？

這些「沒發生的可能性」,讓他不斷與想像中的自己比較,並產生心理負債感。

心理學家丹尼爾‧吉爾伯特（Daniel Gilbert）指出,人類對未來的想像能力極強,但準確度卻極低。換句話說,我們常高估了另一條路的幸福感,卻低估了自己的適應力。這就是為什麼機會成本總是讓我們焦慮：因為它來自「理性計算下的不確定性」與「幻想中的最佳劇本」。

情感成本：你捨不得放的是關係,不是選項

與機會成本相比,情感成本更貼近我們的心理內部。這是指在做出選擇時,我們所需面對的情緒波動與關係張力,例如：放棄一段習慣的關係、離開一個熟悉的職場、或中止一個投入多年但無效的計畫。

很多時候,我們明知道某個選項已經不適合,但卻遲遲不願放手,因為背後牽動的情感太深。例如：「如果我離職,是不是對不起一起奮鬥的同事？」、「我都交往六年了,現在分手會不會太殘忍？」

這些問題本質上不是理性問題,而是情感成本的顯現。心理學家威廉‧布里奇斯（William Bridges）在其轉變理論中指出,任何改變都伴隨著一段「心理終結期」（ending phase）,這是人們為舊狀態進行心理告別的歷程,而這段歷程往往是做決定最困難的部分。

第五章　你以為你在選，其實是被推著走

> 你怕錯過的不只是機會，
> 而是想像中更好的自己

很多時候，我們並不是真的不確定選哪一個，而是無法接受某個選擇背後代表的「自我敘事」。一位轉職者可能並不是不想換工作，而是無法接受「我花了五年走錯路」的事實；一位單親媽媽可能不是不想離開不健康的婚姻，而是無法承認「我還是失敗了」的羞愧。

這種自我敘事的崩潰，才是情感成本的核心：你不是怕選錯，而是怕面對某一個「你不想成為的版本」。但事實是，每一個選擇都會讓某些自我形象碎裂，而那些碎裂，正是成長的開始。

心理成熟不是選出最對的選項，而是接得住自己在選擇中必經的喪失與轉變。

> 如何平衡機會成本與情感成本？

與其試圖排除成本，不如學會與之共處。我們無法做出「零成本」的選擇，但可以做出「有覺知」的選擇。

（1）問自己：我現在是在選擇什麼？是結果，還是關係，還是認同？

（2）寫下你最害怕失去的那個東西，然後問自己：我是否已經失去了它？

（3）允許自己悲傷：選擇本來就會讓人傷心，你的悲傷並不代表你選錯。

（4）用寫信的方式與未來的自己對話，寫下你希望未來如何看待此刻的選擇。

（5）讓重要的人參與你的情緒，而不是幫你決定內容：被陪伴面對選擇，比被指引去選什麼更重要。

做選擇，從來不是拚效率的事，它是需要心理空間與情感調節的過程。當我們願意正視自己的情感成本，理解自己的機會焦慮，才有可能真正從「選哪一個」，走向「選得負責、選得誠實」。

你以為你怕的是選錯，其實你更怕的是失去某個版本的自己。而真正自由的選擇，不是沒有代價，而是你知道你為了什麼而承擔那些代價。

第三節 「後悔預期」：尚未發生就先感到遺憾的心理機制

> 後悔，不是在選完後才開始

你是否有過這樣的時刻：一邊在思考「要不要報名這堂課」，一邊腦中已經上演了「如果報了結果發現沒興趣」、「如果不報結果看到朋友都上了課而後悔」的劇情？這種「還沒選，就開始後

悔的預演」正是心理學所稱的「後悔預期」(anticipated regret)。

後悔預期是一種未來導向的情緒反應，人類會根據過去的經驗、社會規範與想像劇本，來預測未來選擇可能引發的遺憾，進而影響當下決策。這是人類極具智慧的演化產物，卻也可能成為決策上的心理陷阱，讓我們誤以為「選得安全」就能避免傷害，卻在過度預防中喪失了成長與探索的機會。

預期後悔的機制是怎麼運作的？

從神經科學角度來看，大腦在做決策時會同時啟動「前額葉皮質」（負責分析與預測）與「邊緣系統」（處理情緒反應）。當我們想到可能後悔的場景，邊緣系統會預先產生情緒反應，讓前額葉接收到一個「不要冒險」的警訊。這是大腦為了保護我們所採取的自保機制。

舉例來說：如果你過去曾在衝動購物後後悔，那麼下次面對高價商品時，大腦就會自動召回過去的不愉快情緒，並釋放「避免後悔」的訊號，讓你更可能選擇保守方案。

但問題在於，這種預演式的後悔，往往是建立在想像與不完全資訊之上。當後悔預期過度強烈，我們會開始避免一切有風險的選擇，即使那其實是我們渴望的方向。

第三節 「後悔預期」：尚未發生就先感到遺憾的心理機制

過度預演的後悔，會導致選擇迴避

行為經濟學家丹尼爾‧康納曼（Daniel Kahneman）與阿摩司‧特沃斯基（Amos Tversky）在「前景理論」（prospect theory）中提到，人類對「失去」的痛苦遠大於「得到」的快樂。因此，當預期某個選擇可能帶來失敗或後悔時，大多數人傾向選擇不動、不改變、保守應對。

這也解釋了為什麼許多人面對「明知該離開但不敢離開」的關係或職場時，內心其實是在與預期後悔搏鬥。他們擔心如果離開了卻過得更差，會怪自己當初太衝動，於是選擇停留，哪怕現況早已讓他們受苦。

這類因預期後悔而產生的「選擇迴避」（choice deferral）現象，是現代社會常見的決策障礙，讓人停留在「什麼都不做，就不會錯」的假平靜中，錯失改變與轉機。

真正的後悔，往往來自「沒試過」

心理學家湯瑪斯‧吉洛維奇（Thomas Gilovich）的研究顯示，人在回顧一生時，對「沒做的事」的後悔往往比「做過的錯誤」來得更深。這是因為，未曾實現的可能性會在心中持續發酵，變成無法釋懷的遺憾；而做過的錯誤，反而可以透過經驗與學習被整合與消化。

也就是說，後悔預期讓我們想像「選錯的痛」，但真實人生

中,那些讓人遲遲無法放下的,往往是「錯過的機會」。如果我們太怕犯錯,就可能永遠走不到成長與滿足的那條路。

如何與後悔預期和平共處?

1. 辨識「現在的你」與「預期中的你」是否一致

問自己「我現在在害怕的,是未來的結果,還是現在的感覺?」

2. 區分真實風險與想像風險

列出選擇後最壞的情況與實際可能性,減少腦中災難劇本的放大效應。

3. 接受後悔是必經,不是失敗

沒有人能完美預測未來,後悔是經驗的一部分,不是錯誤的象徵。

4. 培養「選擇後調適力」

比起找「最不會後悔的選擇」,更重要的是讓自己具備調整與應對後果的心理彈性。

5. 練習小選擇中的冒險

在生活中嘗試小風險的選擇,如嘗試不同通勤路線、改變點餐習慣,逐步建立對不確定性的耐受力。

後悔預期不是敵人,而是指南針

如果你能聽懂那股「我怕未來會後悔」的聲音,其實也能反過來問自己:「那代表我真正重視的是什麼?」有時候,後悔預期提醒我們的是渴望,而不是危險。

真正成熟的選擇,不是沒有後悔,而是即使未來後悔,我也願意承擔那是此刻真實的我做出的決定。這份承擔力,才是讓人從被選擇推著走,走向真正自主選擇的心理開關。

第四節　賭徒謬誤與沉沒成本效應的生活陷阱

你以為在堅持,其實是在重複錯誤

「我已經投資這麼多了,怎麼可以現在放棄?」、「我覺得再撐一下,也許會有轉機。」在日常生活中,我們常被一種聲音驅使著繼續下去,即使心裡早已知道那可能不是最理性的選擇。這些時刻,往往是「賭徒謬誤」(gambler's fallacy)與「沉沒成本效應」(sunk cost effect)在心理裡發揮影響力。

這兩個心理機制,讓我們對「已經投入」的時間、情感與資源產生過度期待,並錯誤推估未來的可能性。我們以為自己在堅持,實則是被過去綁架,走進了「不忍心放棄」的陷阱。

第五章　你以為你在選,其實是被推著走

賭徒謬誤:錯把隨機當作規律

賭徒謬誤是一種常見的認知偏誤,指的是人們誤以為隨機事件之間存在補償性規律。例如:在連續投擲硬幣出現五次反面後,我們會覺得「下一次應該會出現正面」,儘管每次投擲的機率始終是 50%。

這種錯覺在日常生活中也常見。例如:一位求職者已經投遞了 50 封履歷都未成功,可能會說:「我這麼努力了,應該快輪到我了吧?」事實上,下一次是否成功,取決於機會與實力,而非「之前的不順」能換來一次幸運。

賭徒謬誤讓人以為「失敗多了,成功機率會變高」,進而做出不合理的決策,例如:繼續投入一段不健康的關係、繼續追逐一個沒有明確可行性的夢想,只因為「我已經付出這麼多」。

沉沒成本效應:你為過去買單的心理債

沉沒成本效應是指,人們在做決策時,會受到過去已投入而無法回收的資源(如時間、金錢、努力)影響,進而延遲做出有利當下的選擇。

例如:一對情侶在一起多年,儘管問題重重,卻總有人說:「我們已經走到這裡了,就算不快樂也不想從頭來過。」這句話本質上不是對未來的選擇,而是對過去的投資感到不甘心。

第四節　賭徒謬誤與沉沒成本效應的生活陷阱

沉沒成本效應讓我們在職涯、關係、學業等多個領域都容易困在「不能放棄」的情緒裡，誤以為堅持就是美德，卻沒看到，有時放棄才是對自己最負責任的選擇。

理性分析在情感面前常常失效

在課本上，我們都知道應該「忽略沉沒成本、從當下最佳方案做判斷」，但在真實生活中，理性經常被情緒打敗。因為放棄某個投入多年的目標，不只是放棄一個結果，更像是承認「我可能選錯了」。

這種自我否定的感覺，會讓人傾向堅持錯誤，只為維持心理平衡。社會心理學家里昂・費斯廷格（Leon Festinger）提出「認知失調」（cognitive dissonance）理論：當信念與行為產生矛盾時，個體會為了減少內在不適而扭曲事實、調整信念或持續原行為。艾略特・亞隆森（Elliot Aronson）後續將此理論擴展到自我概念的維護。

因此，不少人寧可繼續待在不快樂的環境中，也不願承認當初的選擇並不適合自己，這就是沉沒成本效應的情感根源。

如何跳出這些心理陷阱？

(1) 把焦點拉回「此刻的狀態」：問自己「如果今天才開始，我會做這個選擇嗎？」

（2）區分過去的努力與現在的需要：投入過的不能改變，但現在的選擇可以創造不同。

（3）練習「理性抽離」的思考：假設這不是自己的決策，而是朋友的情境，你會怎麼建議他？

（4）允許自己修正，不等於否定過去：人生不是做對所有選擇，而是有能力調整方向。

（5）設定「停損點」：為每個長期投入設下具體評估時間與標準，避免無限延續投入行為。

勇敢轉身，不是逃避，而是清醒

我們無法避免犯錯，但我們可以選擇在發現錯誤時誠實面對。承認沉沒成本、意識到賭徒謬誤，不是放棄，而是一種心理成熟的表現。

你以為你在堅持，其實你只是捨不得承認「已經錯了很久」。但當你勇敢轉身，願意重新評估，人生的走向才會真正開始改變。選擇不等於勝負，而是一種重新啟動的能力。

第五節　你真的知道你為什麼選這個？

> 選擇表面背後的心理暗碼

當你說「我只是比較喜歡這個」、「我就覺得這樣比較好」，你真的知道自己為什麼這樣選嗎？心理學研究發現，大多數人其實並不清楚自己決策的真正動機，甚至常常在選擇之後才「補上」一套理由，來合理化當初的直覺反應或情緒驅動。

在選擇的那一瞬間，我們以為自己是在比較優劣、理性評估，但實際上，這個過程早已被我們的潛意識、自我認同、文化背景與社會期待悄悄操控。從穿搭風格、職涯抉擇到交往對象，我們的選擇往往不是「出於自己」，而是「來自我們以為的自己」。

> 認同導向的選擇：
> 不是我要什麼，而是我想成為誰

心理學家艾瑞克・艾瑞克森（Erik Erikson）在其發展理論中提出「自我認同」（identity）的概念，指出人們在不同階段會建構「我是誰」的內在敘事，而這個敘事正是選擇的重要依據。

換言之，我們選的不一定是最有效率、最划算或最合理的選項，而是「能讓我覺得自己是某種人」的選擇。這就解釋了為什麼一個人明明知道創業風險高，卻仍毅然決然離開穩定工作；因為他要的不只是工作，而是「我是一個勇於追夢的人」的自我認同。

第五章　你以為你在選，其實是被推著走

> 當選擇變成認同的鏡子，理性就會讓位給敘事。你選擇的，不只是結果，而是想說給自己聽的故事。

社會比較與隱性框架的影響

社會心理學家里昂·費斯廷格（Leon Festinger）提出「社會比較理論」，指出人們會透過與他人比較來確立自己的價值與決策品質。這種比較不一定是刻意的，更多時候是潛藏在選擇動機背後的「框架效應」。

舉例來說：你選擇某個品牌手機，是因為你真的需要它的功能，還是因為它代表一種生活品味？你報名某個課程，是因為真的想學習，還是因為「別人都在上」？

這些「非自覺性動機」就像選擇的影子，默默指引著我們，卻讓我們誤以為自己在自由決策。當選擇背後其實是想贏過別人、得到認同、維持形象，我們就很難看見自己真正的需求。

情緒在選擇中的微妙介入

許多研究指出，人在面對重大選擇時，情緒往往比理性更早參與判斷。例如：在你打開一間租屋網頁時，某個房子讓你「一眼就覺得舒服」，你可能會編織一連串理由來證明它是最划算的，事實上你只是被情緒先打動。

第五節　你真的知道你為什麼選這個？

這種「情緒先行、理性補票」的現象，心理學家喬納森・海特（Jonathan Haidt）以「大象與騎象人」做為隱喻：大象是我們的情緒與直覺，騎象人是理性與語言。很多時候，是大象決定往哪走，騎象人則負責找理由來合理化。

因此，當你問自己「我為什麼選這個」時，請記得，真正的答案可能藏在你當下的心情、過往的渴望、甚至當時經歷的某個小挫折，而不在你嘴裡那套精緻的說法裡。

看懂選擇背後的內在驅力

想要真正了解自己的選擇，必須練習往內看，而不是只在選項間比較。以下幾個提問也許能打開一些選擇背後的心理暗室：

- ◆ 這個選擇讓我感覺自己是個怎樣的人？
- ◆ 如果沒有人知道我的選擇，我還會做出同樣的決定嗎？
- ◆ 我是在追求什麼樣的故事，而不是什麼樣的結果？
- ◆ 這個選擇是否在安撫某種內在焦慮或補償某段缺乏？
- ◆ 我有替未來的自己想像過這個選擇可能的意義嗎？

這些問題不會馬上給你答案，但它們會幫助你在面對選擇時，有更多自我理解與心理深度。

第五章　你以為你在選，其實是被推著走

> 當你搞懂為什麼選，你才真的有得選

選擇不是答案，是一面鏡子。它映照出你此刻的信念、渴望與恐懼，也照見你還不清楚的內在風景。

當你說「這是我喜歡的」、「這對我來說比較好」，你是否能停下來問：「為什麼我會這樣覺得？」

只有當你能辨認出那些驅動你的無形力量，才能從被操控的選擇中抽身，真正做出屬於自己的決定。你不一定要每次都選對，但你要知道 —— 你選的那一刻，是不是由你自己決定的。

第六節　結構性不平等如何讓你以為你自由

> 選擇表面上自由，實際上早已被框定

當你走進超市，看著琳瑯滿目的商品，感覺自己可以任意挑選時，你是否意識到，這些「選擇的自由」其實已經被行銷策略、價格設計、貨架動線甚至品牌資本所框架？更深層地，我們每天做出的許多決定，看似個人自由，其實早已受到社會結構與制度設計的深層影響。

社會學與心理學的交叉觀點指出，人類的行為往往不是在真空中進行選擇，而是活在被規範、被引導、被期待的結構裡。我們所謂的「自由選擇」，很多時候只是「在特定系統裡的允許

第六節　結構性不平等如何讓你以為你自由

行為」。你以為你是在選，其實你只是被給了一個「以為有選擇」的選單。

> ### 階級與資源分配的不可見推手

在教育、醫療、工作機會與人脈網絡等領域，資源的不對等本身就會形塑人們能做的選擇範圍。舉例來說，一位中產家庭的孩子，可能從小就接觸到各式學習資源、有父母協助做升學規劃，而來自弱勢家庭的孩子，可能必須過早打工、負擔家庭責任，無暇探索自己的興趣。

這些「背景條件」會默默決定一個人能不能在「想做的事」與「能做的事」之間建立橋梁。當我們誤以為自己沒有努力，其實很多時候，是在一開始就沒被允許進入競賽場。

正如社會學家皮耶・布赫迪厄（Pierre Bourdieu）所說：「社會的結構深深內化於個體之中，個人選擇其實是社會結構的反映。」這不是在否定努力的重要性，而是在提醒我們看見──不是每個人都站在同樣的起跑點上。

> ### 文化規範與「應該」的選擇框架

除了物質資源，文化期待也是一種隱形結構。從性別角色到世代價值觀，從升學體制到家庭道德，這些看似自然的規則，其實早已為我們的選擇劃下無形界線。

第五章　你以為你在選，其實是被推著走

當一位女性選擇不婚，社會常會以「妳不想生小孩嗎？」、「那妳老了怎麼辦？」來質疑；當一位男性選擇從事照顧工作，周圍可能會出現「你怎麼不去賺大錢？」的聲音。這些聲音構成了所謂的「規範性壓力」，也讓很多人誤以為自己自由選擇了，但實際上只是選擇了「比較不會被批評」的路。

心理學上稱此為「社會期待內化」：你不一定認同規則，但因為想被接納而選擇順從。這並非真實自由，而是一種被壓縮過的選項清單。

市場行為與假自由的設計

從消費心理來看，「自由選擇」往往是行銷操作的核心手段。你以為自己選擇了 A 產品，是因為它最適合你，但實際上可能是因為它被放在視線最容易接觸的位置、用紅色價格標籤吸引注意、或透過社群口碑洗腦你「別人都在用」。

心理學家司馬賀（Herbert Simon）提出「有限理性」（bounded rationality）概念，強調人類的選擇能力受到資訊量、時間限制與心智資源所限，因此我們往往只能做出「夠好而非最佳」的決策。而市場正是透過設計這些條件，引導我們做出他們希望的選擇，卻讓我們誤以為「我自己選的」。

我們不是在沒有自由，而是在看不見的選擇結構中被自由地推著走。

第六節　結構性不平等如何讓你以為你自由

如何辨識結構性不平等對選擇的影響？

（1）檢視你的選擇是否受限於特定條件（時間、金錢、文化期待）？

（2）問自己：如果我出生在不同的社會背景，我會做出一樣的選擇嗎？

（3）區分「我想要」與「我應該」之間的差異：哪個是真的渴望，哪個是為了不被批評？

（4）了解結構不平等並不是責怪環境，而是釐清界線：界線越清楚，選擇越清醒。

（5）學習看到「沒被提供」的選項：很多時候，我們做的選擇，只是因為沒看見其他可能。

清醒的自由，從看見不自由開始

真正的自由，不是在沒有選項限制的環境中做決定，而是知道自己面臨的是怎樣的限制，理解哪些選擇是被設計、被期待、被誤導的。

當我們能誠實面對那些「其實你沒有得選」的時刻，我們才能重新問：「那我還有什麼能選的？」這一問，不只是改變選項，更是重新建立選擇主體性的開始。

自由從來不是一種狀態，而是一種覺知。

第五章　你以為你在選，其實是被推著走

第七節　真正的自由，是理解你為何不自由

我們都在自由的幻覺中長大

在現代社會裡，「選擇自由」被當成個人成就與成熟的象徵。從大學科系、交往對象到職涯方向，每一次選擇都被包裝成「你可以決定你的人生」。然而，這樣的自由想像常常是一場幻覺。

心理學家貝瑞・史瓦茲（Barry Schwartz）指出，選擇越多並不代表更自由，反而會帶來焦慮、後悔與自責。他稱之為「自由的負擔」。我們不但必須為選擇結果負責，還得承擔「都是我自己選的」這種責任感所帶來的心理壓力。

這些負擔讓我們以為自由很痛苦，其實是因為我們從未被教導──自由不是無限選擇，而是看清自己選擇時的內在機制。

自由不是選擇，而是對選擇的覺知

真正的自由不是「我可以選什麼」，而是「我知道為什麼我選這個」。從心理學角度看，人的行為多數由潛意識驅動，包括習慣、情緒、自我認同與社會期待，而這些影響常常不被意識到。

例如：一個人堅持要考公職，表面上看是理性的選擇，但實際上可能來自於家庭安全焦慮的內化；一位女性總是選擇不主動追愛，也許不是因為她冷靜，而是害怕被拒絕而選擇被動。

第七節　真正的自由，是理解你為何不自由

當我們不知道是什麼力量在驅動我們做決定，我們的自由就是假的。

唯有當我們願意追問：「我真的想要這個嗎？這是我自己的聲音嗎？」我們才開始接近真正的選擇能力。

承認不自由，是自由的開始

許多人抗拒承認自己不自由，因為這樣彷彿意味著自己軟弱、失敗、沒主見。但事實恰恰相反，真正強大的人，勇於承認自己正受到影響，也有勇氣去重新釐清。

舉例來說，一位職場女性意識到自己總是壓抑脾氣、避免表達意見，其實是長期在男性主導文化中生存而養成的自我保護。當她看清這一點，不代表她立刻就能改變一切，但她開始能選擇：「我這次要不要說出口？」這個空間，就是自由的起點。

從心理諮商的觀點來看，「自我覺察」是改變的前提。唯有看見你怎麼被形塑、你在哪裡沒有選擇，你才可能長出選擇的能力。

真正的自由，是有選擇後果的能力

自由不是只關於「可以怎麼選」，更關於「是否能承擔選擇的結果」。一個能承擔後果的人，不會用自由當藉口，也不會逃避錯誤，而是能對自己的決策與過程負責。

第五章　你以為你在選，其實是被推著走

心理學家艾瑞克・佛洛姆（Erich Fromm）在《逃避自由》中指出，現代人雖然形式上更自由，卻也更容易逃避自由所帶來的孤獨與焦慮，轉而投靠權威、群體或命運來幫自己決定。他稱之為「自由的逃避」：因為怕錯，所以不選；因為怕孤獨，所以讓別人替我選。

但自由從來就不是安全的，它本身就包含了不確定性。真正自由的人，是在風險中仍願意為自己決定方向，並承擔那條路上可能的孤單與波折。

練習自由的日常功課

（1）每天問自己：這件事是我真的想做的，還是只是因為應該做？

（2）遇到重大選擇時，多花點時間寫下背後的動機與恐懼：我在追什麼？我在躲什麼？

（3）從小選擇開始練習覺知與負責：今天選擇早起，那就承擔整天的疲憊與成就感。

（4）允許自己改變選擇，不把「改變」視為失敗，而是更貼近自己的調整。

（5）面對後悔時，與其否定過去，不如問：這次我學會了什麼？

第七節　真正的自由，是理解你為何不自由

> 自由不是狀態，而是一種持續的心理練習

最深層的自由，不是在擁有權力之後，而是在你知道自己正被什麼牽動的當下，仍能選擇照顧自己、忠於自己。

我們一生都會在不自由的條件下生活，但這不代表我們不能活出自由。真正的自由，不是你不再被影響，而是你知道哪些是外來的、哪些是內心的——並且願意為內心的那一份選擇負起責任。

看見你為何不自由，就是你開始自由的那一刻。

第五章　你以為你在選，其實是被推著走

第六章
壓力、意志與情緒三角戰

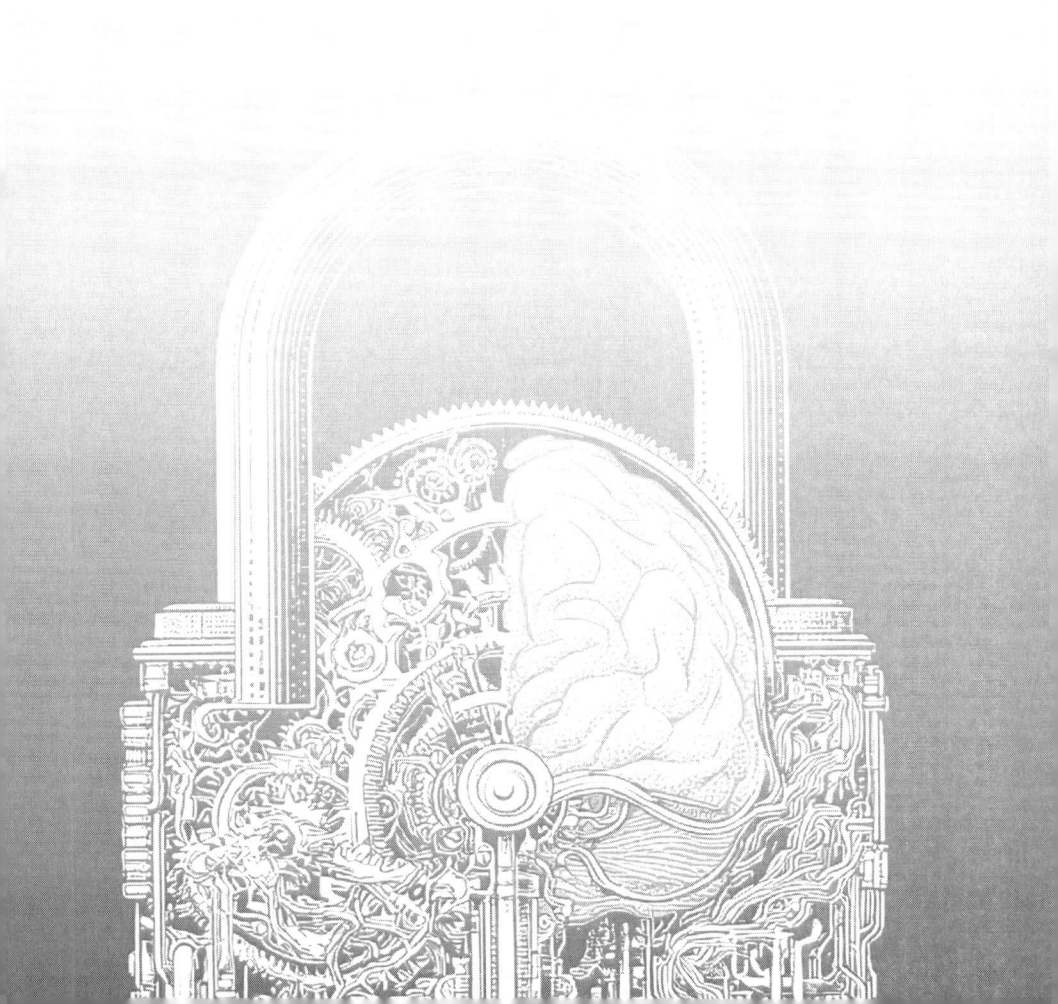

第六章　壓力、意志與情緒三角戰

第一節　壓力從哪來？生理與心理的雙向影響

壓力不是敵人，而是訊號

許多人聽到「壓力」，會立刻聯想到焦慮、痛苦、失控等負面感受。但心理學家指出，壓力本身並非敵人，而是一種「對環境需求的反應」。當外在挑戰超出我們認知、情緒與資源的負荷時，壓力便會出現，提醒我們：「你需要調整，或需要支援。」

根據漢斯・薛利（Hans Selye）提出的「一般適應症候群理論」，壓力可分為警覺期、抵抗期與耗竭期，這是一個生理與心理交互作用的過程。換言之，壓力不僅僅存在於情緒層面，它也直接影響我們的荷爾蒙分泌、免疫系統、睡眠品質與注意力維持。

當我們把壓力視為一種「應對資源不足的提示」而非一種錯誤狀態，我們才能更有效地介入與修復。

生理反應：壓力如何在身體裡現形

當人面對壓力時，身體會先啟動交感－腎上腺髓質系統（SAM），釋放腎上腺素與去甲腎上腺素，使心跳加速、肌肉緊繃、呼吸加快；接著啟動下視丘－腦下垂體－腎上腺軸（HPA axis），於數分鐘後提高皮質醇（cortisol）濃度，以動員能量並維持反應。這兩條路徑共同為「戰、逃或僵住」等壓力反應做準備。

這些反應在原始時代對生存至關重要,但在現代生活中,壓力常來自慢性而非急性事件,例如工作評量、人際衝突、經濟焦慮等,讓這些生理機制長期處於亢奮狀態,進而導致慢性疲勞、睡眠障礙、免疫力下降,甚至心血管疾病。

身體不會說謊。當我們忽略壓力時,身體會代替情緒發聲。

心理機制:感知壓力才是關鍵

不是每個壓力源都會造成壓力反應,關鍵在於「感知」。心理學家理查・拉扎魯斯(Richard Lazarus)認為,個體是否產生壓力反應,取決於兩件事:

- 這個情境對我有威脅嗎?
- 我是否有資源應對它?

也就是說,壓力並非事件本身,而是「我怎麼解讀事件」。同一件事情,有人覺得刺激,有人覺得壓力山大,差別就在於我們內在的資源感、應對信心與過去經驗。

當我們對自己缺乏掌控感、自我效能低落、情緒支持不足時,再小的挑戰都可能引發巨大的壓力感。

生心理互動:壓力是雙向通道

生理與心理在壓力反應中不是彼此獨立,而是雙向交互的。情緒低落會影響荷爾蒙分泌,而慢性失眠也會使人更容易感到

第六章　壓力、意志與情緒三角戰

焦慮與煩躁。研究顯示，長期處於壓力下的人，其杏仁核（情緒處理中心）活動會增加，而前額葉皮質（理性調控區）活動則減弱，使得人更容易做出衝動反應、陷入負面循環。

這種互動讓壓力變得更難破解，但也提醒我們：減壓不能只靠心理轉念，或只靠補眠、運動、營養等生理方法，而是需要身心同步調整。

建立壓力覺察與調節的能力

（1）學會傾聽身體訊號：頭痛、失眠、情緒易怒，都是壓力的早期訊號。

（2）辨識壓力來源：寫下讓你感到壓力的事件，釐清是外部挑戰還是內部期待。

（3）區分可控與不可控的因素：將注意力集中在可以調整的部分，降低無力感。

（4）建立支持系統：社會連結能有效緩衝壓力對心理的侵蝕。

（5）身體管理同步進行：睡眠、飲食、運動與呼吸訓練都是壓力調節的基礎。

壓力管理，是一種生活素養

我們無法消滅壓力，也不應該去追求「零壓人生」。真正的關鍵是：你是否能在壓力出現時，有能力辨識它、理解它，並

溫和而有力地調節它。

壓力不是失敗的證明，而是成長的訊號。當我們能與壓力和平共處，我們不只更健康，也更自由。

第二節　意志力不是靠撐，是靠策略

> 意志力不是無限資源，而是有限預算

許多人誤以為意志力是一種性格特質，只要意志堅定，就能扛住誘惑、持續努力、不輕言放棄。早期研究將意志力視為可被耗用的「有限資源」，用以解釋多次自我控制後的表現下降（自我耗竭，ego depletion）；但近年大型重現研究與新模型指出，耗竭效應並非穩定必然，動機、注意力轉移與期待也能解釋類似現象。因此，本章採務實觀點：不把意志力當作無限供給，而是透過策略設計來減少其消耗。

舉例來說，一個人在經歷了一整天的工作壓力、社交忍耐與情緒壓抑之後，晚上要拒絕吃甜點的能力會變差，這不是他不夠自律，而是意志力已經耗盡。理解這點非常重要，因為它提醒我們——靠撐不如靠設計。

第六章　壓力、意志與情緒三角戰

意志力的神經科學基礎：前額葉與控制中樞

大腦中負責自我控制的區域主要在前額葉皮質（prefrontal cortex），它涉及計劃、判斷、延遲滿足與行為抑制。當我們使用意志力進行選擇、抗拒誘惑或推進不想做但該做的事情時，前額葉會大量活躍。

但這個系統的活動非常容易受到睡眠不足、情緒波動、低血糖與疲勞影響。也就是說，當你累了、餓了、煩了，你的意志力本來就會下降。

所以，一個關鍵觀念是：意志力不是用來撐的，而是需要被保護與補充的心理資源。與其在情緒風暴中硬撐，不如先設計環境，減少資源耗損。

環境設計比意志力更有效

心理學家凱蒂‧米爾克曼（Katy Milkman）指出，最成功的行為改變，往往不是靠自律，而是靠策略。她在實驗中發現，將運動與喜愛的影集綁在一起（例如「只在健身房看 Netflix」），能顯著提升運動持續率。這種做法被稱為「誘惑綁定」（temptation bundling）。

另一種常見策略是「決策預設」（choice architecture）：預先設計好行為選項，讓「對自己好的行為」變得更容易發生。例如：

第二節　意志力不是靠撐，是靠策略

把手機放在臥室以外的地方、將零食放在難以取得的櫃子、排好每天寫作的時段。

環境設計的重點不是限制自己，而是幫助自己不必在每一個選擇點都耗費意志力。

習慣是節省意志力的最佳機制

習慣的形成，是大腦將重複行為內化為自動化程序的過程，這能大幅降低對意志力的依賴。當早起、閱讀、運動等行為變成「不用思考就會做」的程序，意志力就能節省下來，留給真正困難的選擇。

詹姆斯・克利爾（James Clear）在《原子習慣》中指出，習慣改變的關鍵不在於巨大決心，而在於小步驟的重複與環境的配合。他提出的「提示→欲望→反應→獎賞」四階段，也提醒我們要讓好的行為變得明顯、簡單、有吸引力。

從這個角度看，真正的自律不是靠意志，而是靠讓自己「不需要靠意志」的設計。

如何策略性運用意志力？

1. 把意志力留給重要選擇

不必每件事都靠自律，將資源集中在最關鍵的行動上。

第六章　壓力、意志與情緒三角戰

2. 在狀態最佳時安排困難任務

早晨、休息後是大腦最有資源的時候，避免把困難事留到夜晚。

3. 善用「計畫反應」策略

事先寫下「如果發生 X，我就做 Y」的應對方案，例如「如果我想滑手機，就先站起來喝水」。

4. 學會補充與修復意志力

睡眠、補水、血糖平衡與適度休息，都是補充前額葉功能的關鍵。

5. 將行為與價值連結

每天提醒自己為什麼要這樣做，內在動機能延長意志力的持久度。

> 意志力的真正力量，是不靠它也能前進

當我們以為成功的人是「更有意志力」，我們其實忽略了他們更懂得如何保護這份資源。他們知道何時該休息、何時該求援、何時該設計一個不需要意志力的環境。

你不是沒毅力，只是你還沒建立適合自己的行為策略。當我們停止用「撐下去」來證明自己，轉而用「設計過的節奏」來支持自己，我們會發現，意志力從來不該是我們的救生索，而是一把我們學會如何妥善使用的工具。

第三節　拖延、分心與自我懷疑的共同心理根源

表面是時間管理，實際是情緒管理

當你面對一項任務卻不斷延後、不自覺地滑手機或突然想整理抽屜時，很可能不是因為你懶惰或沒紀律，而是某種情緒正在被逃避。拖延、分心與自我懷疑表面上看似不同現象，其實往往有共同的心理根源：對自我價值的脆弱感與對失敗的恐懼。

根據臨床心理研究，這些行為常常是一種「情緒迴避策略」（emotion avoidance strategy）。我們不是真的不想完成任務，而是害怕在完成過程中面對焦慮、挫折感、無能感，甚至被看見不夠好的自己。拖延，是一種看似被動，實則主動的自我保護機制。

拖延：不只是完美主義

許多人以為拖延是懶惰，或單純源自完美主義。其實，綜合研究顯示，拖延與「任務厭惡、衝動性、時間貼現、情緒調節困難」等因素關聯更強；完美主義只有在「評價性過度關注」（把自我價值與表現緊緊綁在一起、對錯誤零容忍）時，才會顯著放大拖延。

當一個人深怕「一開始就暴露缺陷」，腦中會把任務視為威脅，於是傾向延後起步以暫時減壓；之後再以「時間不夠」來合

理化成果不佳,藉此保護自尊。這是一種情緒迴避策略,不等於無能 —— 真正的卡點在於「害怕不夠好」,而非做不到。

因此,化解拖延的重點,不是逼自己更完美,而是降低起始門檻、把任務拆小、容許不完美的初稿,並處理背後的情緒壓力與自我評價。

分心:是避免專注後的失落

分心常被視為意志力不足,但其實是一種避免深入投入的方式。當我們分心於社群媒體、無關緊要的雜事,或刻意排滿行程,我們的內在可能是在逃避真正重要的事情。

心理學家提摩西·派希爾（Timothy Pychyl）指出,分心是一種「情緒調節策略」。比起面對創作瓶頸、解題焦慮或人際衝突,我們更容易選擇去做那些立刻給予回饋、但沒有長期意義的行為。分心不是沒專注力,而是專注在情緒安撫上。

自我懷疑:對能力與價值的模糊信念

自我懷疑是上述兩種行為的情緒根源。當你對自己的能力沒有信心,或對結果缺乏掌控感時,內在會產生「反正我做也不會成功」的聲音。這些聲音並不理性,但它們真實地影響了你的行為選擇。

研究發現,自我懷疑傾向高的人,即使有能力也更容易拖

第三節　拖延、分心與自我懷疑的共同心理根源

延，因為對他們而言，行動的風險大於不行動的內疚。換句話說，錯過總比做錯來得安全。

這些內在聲音不只來自童年經驗，也與過度重視外部評價、自我批判習慣與缺乏心理彈性有關。

> 怎麼拆解這個心理三角架構？

1. 辨認情緒觸發點

寫下讓你想拖延或分心的任務，問問自己它勾起了哪些情緒？焦慮、羞愧、無力，還是害怕失敗？

2. 允許「不完美的行動」

設立低門檻的開始，例如「只寫 50 字」、「只打開簡報」，累積小成功經驗。

3. 與內在評論員對話

將自我懷疑的語句寫下，問問自己「這句話合理嗎？有證據嗎？這是我還是別人的聲音？」

4. 創造沒有輸贏的空間

將學習與行動視為探索而非考驗，減低自我價值綁定的壓力。

5. 安排情緒喘息時間

允許自己在高壓任務前後有規律的休息與放空時間，減少情緒堆積。

第六章　壓力、意志與情緒三角戰

> 被情緒推動的不是行動，是逃避

當我們理解拖延、分心與懷疑的根本不在於時間或技術，而是內在對「失敗感」與「不夠好」的逃避時，我們才有機會真正處理這些行為。

你不是時間管理不好，你是正在與自己的不安全感搏鬥。而這場戰爭，不該靠責備自己結束，而是靠理解與重建對自己的信任開始。

第四節　自律如何建立在心理習慣上

> 自律不是性格，而是心理環境的結果

很多人以為，自律是一種天生的性格優勢，有些人天生就能早起運動、持之以恆，而自己就是那個缺乏毅力的人。但心理學的觀點指出，自律其實更像是一個「環境化習慣」，不是靠內在堅持，而是靠外在架構。

心理學家史金納（B. F. Skinner）認為，行為是由其後果所強化。這意味著，自律行為若能持續出現，通常是因為背後有可預期的獎賞機制或明確的回饋系統，而非單靠意志力推動。因此，真正自律的人不是更有意志，而是更懂得如何設計出一個支持行為的心理與物理結構。

第四節　自律如何建立在心理習慣上

自律行為的起點是穩定性與預測感

自律的養成，從不是從「堅持」開始，而是從「穩定」開始。人在心理感到混亂、焦慮或缺乏安全感時，很難持續一項目標。穩定的作息、可預期的節奏與清楚的回饋系統，能減少大腦的選擇焦慮，使自律行為內化為習慣迴路的一部分。

舉例來說，若你每天早晨固定喝一杯水、寫一行日記、拉筋一分鐘，這些小而可預期的行為，會讓你的大腦建立「我是一個可以開始事情的人」的心理印象。這種信念，正是自律的心理基底。

習慣如何撐起自律的骨架？

詹姆斯・克利爾（James Clear）在《原子習慣》中提到，自律並不靠毅力，而靠系統。習慣是一種被大腦自動化的行為流程，透過「提示—渴望—行動—回饋」的連鎖，讓原本需要刻意的行為變成無需思考的自動行為。

當你不必每天和自己「交涉」是否要運動、是否要專注、是否要早睡，自律就變成自然狀態而非掙扎。習慣的強大在於它幫你預設了行為方向，讓意志力得以節省，進而應用在更重要的決策上。

第六章　壓力、意志與情緒三角戰

建立支持自律的心理結構

（1）心理安全感的建構：從小成功中建立成就感，例如每天達成 1% 進步。

（2）環境提示的優化：將要做的事情放在視線中，例如書放在床邊、瑜伽墊放在地板中央。

（3）情緒標籤的覺察：記錄做完行為後的正向情緒，讓大腦連結行為與好感覺。

（4）失敗的友善紀錄：不把失敗視為自律破產，而是系統調整的回饋機制。

（5）社會回饋系統：透過分享、團體承諾或教人來增加行為責任感。

這些心理架構不是一次建成，而是透過反覆練習、修正與溫柔對待自己逐步穩固起來。

自律的真相：是讓「對的行為」變得容易

真正的自律，不是用力做難事，而是讓好習慣變得簡單、明確與令人期待。當環境支援你、節奏穩定、情緒不再阻礙，所謂的「自律」就不再是心理壓力，而是一種生活方式。

請記得，你不是沒自律，而是還沒找到一套屬於你的習慣架構。從小處著手，從當下建立秩序，你會發現，自律其實是一種被設計出來的自由。

第五節　情緒調節技巧：不是壓下去，而是讓它流過

壓抑情緒不是控制，而是延後爆炸

我們從小就被教導要「控制情緒」、「不要太情緒化」，這些語言潛移默化讓人誤以為情緒是一種問題，必須壓抑、隔離、消除。然而，心理學研究早已證實，壓抑情緒不是控制，而是延遲後果，壓得越久，反彈越劇烈。

情緒是人類神經系統的天然訊號，就像疼痛會告訴我們哪裡受傷，情緒會告訴我們內在的心理需求是否被滿足。當你感到焦慮、憤怒、委屈或悲傷，這不是脆弱，而是一種內在對環境的智慧反應。

真正的情緒調節，不是壓住它，而是接住它，讓它能夠「完整地流過你」，然後自然平息。

了解情緒的功能與類型

心理學家保羅・艾克曼（Paul Ekman）將基本情緒分為：喜悅、悲傷、憤怒、恐懼、厭惡與驚訝，這些情緒都是為了生存而進化出來的快速反應系統。例如：恐懼能讓我們逃離危險、憤怒幫助我們設定界線、悲傷引導我們尋求連結。

第六章　壓力、意志與情緒三角戰

問題不在於情緒本身，而在於我們是否能「辨識」與「表達」它。許多人無法有效調節情緒，是因為他們無法辨識情緒細節，只停留在「我不舒服」的模糊感受中。

情緒詞彙的豐富程度，決定了一個人處理情緒的能力。你能將「焦躁」區分為「恐慌」、「煩躁」或「不安」，你就越可能找到適當的對應方法。

調節不是壓抑，是接納與轉化

臨床心理學中常用的情緒調節技巧來自「辯證行為療法」（DBT）與「正念減壓法」（MBSR），這些方法強調的不是壓制情緒，而是用意識去「看見情緒的來與去」。

舉例來說，當你感到憤怒時，嘗試用以下步驟接住它：

- 命名它：「我現在感覺到的是生氣。」
- 允許它：「這樣的情緒是合理的，因為我感覺被忽視。」
- 觀察它：在身體中找出情緒的具體位置（如胸口緊、手掌熱），保持呼吸。
- 引導它：思考這份情緒想保護什麼、要傳達什麼需求。

這不是讓情緒控制你，而是讓你與情緒對話，透過身體與語言重新建構它。

第五節　情緒調節技巧：不是壓下去，而是讓它流過

情緒能量需要出口，不是蓋子

壓抑的情緒如果長期沒有出路，會轉化為身體症狀（如偏頭痛、胃痛）、行為爆發（如對無辜的人發脾氣），或內在自責（如罪惡感、無力感）。因此，日常生活中，我們需要建立「情緒的出口」，讓它能安全地被釋放與轉化。

幾種實用方法包括：

- 書寫情緒日記：把情緒事件與當下的感受寫下來，不分析，只記錄。
- 肢體排放：如健走、跑步、拍打枕頭或做瑜伽，讓身體釋放被壓抑的能量。
- 情緒標籤練習：每天記錄三種你感受到的情緒與其來源，幫助情緒辨識。
- 安全傾訴對象：找值得信任的人分享，不求解決，只求被聽見。

情緒流過你，才不會留在你身上

真正健康的情緒調節，不是讓你不再有情緒，而是讓你能自然地「感受－理解－流過－整合」。當情緒能被安全地經驗與釋放，它就不會累積成情緒包袱，也不會主導你的行為與人際反應。

請記住：你不是為了「管理情緒」而活，而是要讓情緒成為你生活的導航系統。當你開始懂得讓情緒流過你，而非與之對抗，你就會發現，情緒其實是幫你找回自己的一扇門。

第六節　焦慮與完美主義的高風險連結

看似追求卓越，實則害怕出錯

當我們看到一個人凡事要求完美、細節龜毛、對自己高標準，常會誤以為這是成功人士的特質，甚至被社會歌頌為「認真」、「上進」。然而，心理學長期研究指出，完美主義與焦慮之間存在高度相關性，甚至是彼此強化的危險循環。

完美主義者的內心，其實不是對成功的執著，而是對失敗的恐懼。他們往往無法容忍自己出錯、無法控制的情境或被他人負面評價，這些不確定性會迅速引發焦慮反應。表面上努力追求完美，實際上是為了避免內在不安全感被引爆。

完美主義的三種心理面貌

心理學家保羅・休伊特（Paul L. Hewitt）與高登・弗萊特（Gordon L. Flett）將完美主義分為三類：

◆ 自我導向型（Self-oriented）：對自己設下高標準，過度自我批判。

第六節　焦慮與完美主義的高風險連結

- 他人導向型（Other-oriented）：對他人要求完美，難以信任與合作。
- 社會規範型（Socially prescribed）：認為他人對自己有高期待，活在壓力中。

其中，社會規範型最易引發焦慮與憂鬱，因為個體常覺得「無論怎麼做都不夠好」，並將他人評價內化為自我價值標準。

這種完美主義並不會提升表現，反而會造成過度準備、反覆修正與決策癱瘓，讓人陷入高度焦慮、慢性壓力與持續的內在批判。

焦慮是壓力預演，也是控制感崩解

焦慮並不是怕事件發生，而是對無法預測的未來產生控制失衡感。對完美主義者來說，「萬一不夠好怎麼辦？」是一種常態思考，他們習慣於用準備、掌控與否定情緒來維持心理穩定。

但現實往往充滿變數，無法完美預演。當事情不照劇本走，完美主義者就容易陷入焦慮過載。這種焦慮不一定外顯，有時是內心的緊張、失眠、胃痛、注意力無法集中或慢性疲勞。

焦慮其實是在告訴我們：「你太用力控制了。」唯有鬆開對完美的執著，重新定義什麼才是「夠好」，才能讓焦慮的強度下降，生活變得有彈性。

第六章　壓力、意志與情緒三角戰

轉化完美主義與焦慮的心理策略

（1）辨認核心信念：問自己「我為什麼不能出錯？」、「如果不完美，我會是怎樣的人？」

（2）建立彈性標準：將目標設定從「最好」轉為「有進展」、「能完成」、「能學習」。

（3）練習錯誤容忍力：在安全場域中主動嘗試錯誤行為，例如故意發出不完美的提案，觀察結果。

（4）用接納取代批判：將批判內在聲音轉為關懷語言，例如「這很難，但我已經在嘗試」

（5）焦慮對話練習：將焦慮寫下來，問它：「你是為了保護什麼？我可以自己承擔了嗎？」

這些練習不是要你變得隨便，而是要你學會鬆開過度綁架你的那部分標準，給自己心理空間。

不是要放棄追求，而是重新定義成功

完美主義與焦慮的連結，不在於你多努力，而在於你是否允許自己有彈性與人性。真正的成熟，是願意接受「我很努力，但我不需要完美才能被肯定」。

當你能承認「我正在進步」比「我要一次做到最好」更更重要，你就能緩解焦慮，找回內在的穩定。不是每件事都要完美才能

開始,也不是每一步都要無懈可擊才算走對。

成功不是完美的結果,而是勇敢前行時對自己的溫柔。

第七節　心理韌性的日常鍛鍊法

> 韌性不是抗壓力,而是復原力

當我們談「心理韌性」時,不是指不受傷、不焦慮、不崩潰,而是指在面對生活衝擊、壓力或失敗後,能夠回復、重建甚至成長的能力。心理韌性是一種內在的彈性,它讓我們在情緒海嘯來襲時,仍能浮起來,而不是被吞沒。

心理學家安・馬斯頓(Ann Masten)稱這種能力為「平凡中的非凡」(ordinary magic),因為韌性不是英雄般的超能力,而是一種可以日常培養、逐步強化的心理素養。

> 韌性來自內在資源,而非天生性格

許多人以為韌性是天生的,只有特別堅強或積極的人才具備。但研究發現,心理韌性是多元因素共同構成的,包括自我效能感、自我認知、情緒調節能力與社會支持系統。

例如:對同一件困難事件,有人會認為「這是我成長的機會」,有人則會覺得「我就是這麼衰」。這差異不是因為誰比較樂

觀,而是因為前者可能曾有過成功復原的經驗,知道自己能夠跨過難關。

因此,建立韌性的關鍵,是逐步擴大內在的「成功處理挫折」的記憶庫,並相信這些經驗未來仍然有效。

鍛鍊心理韌性的五個日常習慣

1. 情緒辨識與命名

每天寫下自己感受到的三種情緒與原因,讓情緒不再模糊壓力源。

2. 小範圍挑戰

有意識地在生活中設計微小挑戰(如主動提問、嘗試不同通勤路線),鍛鍊不確定性的耐受力。

3. 建立回復節奏

每天設定「心理重啟」時段,如散步、冥想、安靜閱讀,建立放鬆與覺察的節奏感。

4. 練習認知重構

當遇到挫折時,主動問自己「這件事教會我什麼?」、「我還有什麼選擇?」

5. 建立心理支持圈

與三位能提供理解與支持的對象保持定期聯繫,累積安全

感與信任感。

這些習慣不求立即見效,而是像內在肌肉一樣,需要時間與反覆鍛鍊才能強壯。

從創傷到成長的心理轉譯

韌性不只讓人回復原狀,它還能讓人在經歷巨大困境後產生正向轉化,這種現象稱為「創傷後成長」(Post-traumatic Growth, PTG)。

根據心理學家理查・泰德斯奇(Richard Tedeschi)與勞倫斯・卡倫(Lawrence Calhoun)的研究,PTG 常發生在以下五個面向:

- ◈ 對生命的感激提升
- ◈ 人際關係更加深刻
- ◈ 對自我能力的重新認識
- ◈ 人生優先順序改變
- ◈ 靈性與價值信念深化

這不代表我們要感謝創傷,而是提醒我們:困難可以成為成長的契機,前提是我們願意看見自己從中學到什麼。

第六章　壓力、意志與情緒三角戰

> 韌性是一種心理習慣，而非意志力

很多人以為韌性是靠硬撐，其實更接近一種「習慣化的心理回彈」。你不需要一口氣變得堅強，而是要在每一次「快要撐不住」的時候，多停一下、多問自己一句話、多找一個可以幫忙的人。

韌性不是關於「不會跌倒」，而是關於「每次跌倒後，我怎麼爬起來」。當你開始相信，自己可以一次又一次從情緒低谷中走回來，那份穩定與柔軟，就會成為你面對人生變化的安全基地。

第七章
從孩子到長輩,
人生階段的心理轉彎

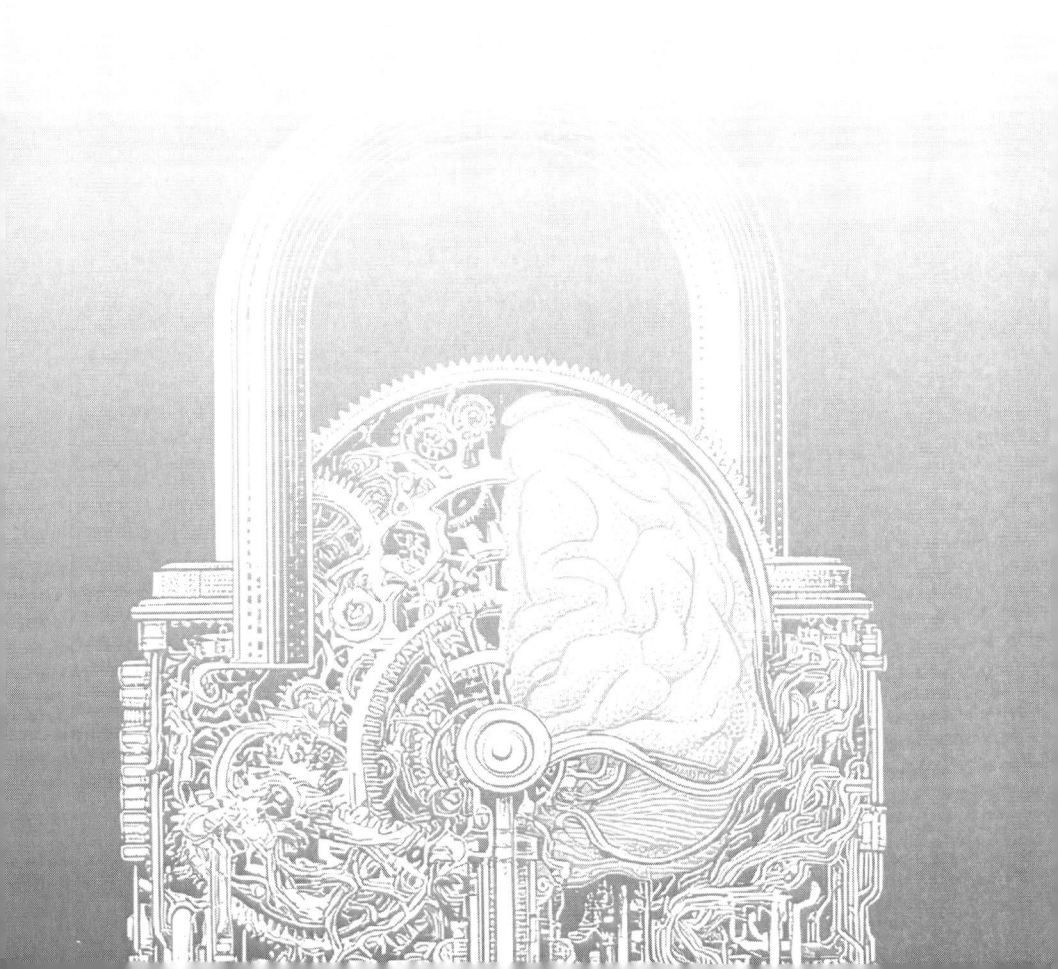

第一節　安全感不是天生的，
　　　　是被一點一滴回應出來的

依附關係是心理安全的原點

人類從一出生起，便展開一段與他人的連結之旅，而這段關係最初的形態，就是「依附」(attachment)。心理學家鮑比（John Bowlby）在 20 世紀中期提出依附理論，指出嬰兒與主要照顧者之間的情感聯繫，對個體一生的心理發展有深遠影響。他認為，這種連結是一種「求生本能」，嬰兒透過哭泣、注視、依偎等行為來吸引照顧者的關注，若對方回應得當，孩子就會感到這個世界是可預測、可依靠的。這樣的經驗，構成了個體對於外在世界與他人是否值得信任的最初假設。

安全感並非一種抽象的情緒，而是來自於一種可重複驗證的經驗：當我需要的時候，有人會在；當我害怕的時候，有人會安撫我。這些經驗會被大腦系統記錄下來，逐步內化為心理表徵，成為我們對「自己是誰、他人是誰、世界是否安全」的基本信念。換句話說，依附關係不只是親子情感的表達，而是形塑自我與世界關係的心理原點。

第一節　安全感不是天生的,是被一點一滴回應出來的

早期互動如何建立依附模式

依附關係並不是一種一成不變的情感狀態,而是一種互動歷程,透過反覆的「需要－回應」循環逐漸形成。心理學家瑪麗・愛因斯沃斯(Mary Ainsworth)進一步延伸了鮑比的理論,透過「陌生情境實驗」(Strange Situation Procedure)觀察嬰幼兒與照顧者的分離與重聚反應,將依附關係區分為三種主要類型:安全型、不安全－逃避型與不安全－焦慮型,後來又加入混亂型依附作為補充。

安全型依附的嬰兒在照顧者在場時會安心探索環境,照顧者離開時會表現出焦慮,但在重聚後可快速安撫並恢復活動;逃避型的孩子則對照顧者離開或回來反應冷淡,顯示其壓抑情感;焦慮型的孩子則展現出矛盾行為,既渴望接近又抗拒撫慰;混亂型則呈現出不可預測、無一貫模式的行為。這些型態的差異主要與照顧者回應品質相關。

當照顧者能夠適時、敏銳地察覺嬰兒的情緒訊號,並以穩定溫柔的方式回應,就容易建立安全型依附;若照顧者反應遲疑、情緒不穩或不一致,則容易造成孩子對關係的不確定感,進而發展出不安全型依附。這顯示了依附不是關於愛得多深,而是關於「如何愛」與「愛得是否有節奏」。

第七章　從孩子到長輩，人生階段的心理轉彎

安全感如何成為自我的支撐結構

依附關係所建構的安全感，會逐步成為個體心理系統的內部結構，影響後續的自我發展、情緒調節與社會互動。嬰兒期建立的信任感，是未來自我概念（self-concept）形成的核心來源。當一個人在最初的生命階段反覆經歷「我有需要→他人出現→我被理解與安撫」的過程時，會內化出一種「我值得被愛」、「我可以依靠他人」、「我有能力處理困難」的自我信念。

這些早期形成的信念會潛移默化地影響個體在不同生命階段的反應模式。舉例而言，安全型依附者在面對陌生情境或挑戰時，較容易展現自信與彈性；而逃避型依附者則傾向於壓抑需求、避免情緒表達；焦慮型則容易過度依賴他人回應，產生高度的焦慮與不安。這些依附風格不只影響人際關係，也牽動著自尊、自我效能以及對人生意義的詮釋方式。

更深層地說，依附的核心其實是「能不能安心做自己」。如果一個人從小學會「只有乖才值得被愛」、「只有表現好才會被接納」，那他很可能終其一生都活在他人期待中，忽略了真實的自己。安全感，則像是一個允許你發展出「真我」的心理空間，讓人可以在不完美中仍相信自己有價值。

第一節　安全感不是天生的,是被一點一滴回應出來的

社會文化與依附發展的交織關係

雖然依附理論強調的是親子之間的互動經驗,但這段關係並不孤立於社會結構之外。照顧者能否提供穩定、安全、敏感的回應,與其所處的文化脈絡、社會資源與制度支持密切相關。例如:一個在經濟壓力下必須長時間工作、無法親自照顧孩子的單親母親,即使再有愛,也可能無法給予孩子足夠的陪伴與情緒支持。

此外,文化價值也會形塑照顧者的養育方式。有些文化傾向於強調紀律、服從與集體認同,可能壓抑了孩子表達情緒的空間;而有些文化則鼓勵個人表達與自主探索,較有機會促進安全依附的建立。社會對性別角色的期待也會影響依附模式的呈現,例如「男孩子不能哭」這類訊息,可能導致男孩學會將脆弱與需求壓抑起來,從而傾向發展逃避型依附。

因此,理解依附不只是家庭內部的議題,更是一種社會心理現象。一個社會若能建立支持家庭照顧功能的制度,例如親職教育、育嬰假、家庭諮詢服務與心理健康推廣,將有助於促進嬰幼兒獲得更高品質的依附經驗,從而提升整體社會的心理韌性與幸福感。

第七章　從孩子到長輩，人生階段的心理轉彎

> ### 依附經驗的可塑性與修復可能

雖然依附關係在嬰幼兒期奠定基礎，但這並不代表依附型態是固定不變的命運。心理學界越來越多研究指出，依附具有可塑性與變動性，尤其在新的關係或治療經驗中，原本的不安全型依附可以逐步修復與重建。

這種修復主要仰賴「修復性關係」（corrective relationships）與「情緒調節經驗的再學習」。當個體進入一段穩定、接納且一致回應的關係中，例如溫暖的伴侶關係、支持性的師生互動或專業的心理治療，就有機會重新經歷「我需要→他人回應→我被理解」的歷程，進而改寫早期的信念與模式。

心理學家丹尼爾・席格（Daniel Siegel）在其神經心理學理論中強調，「關係能改變大腦」。他指出，透過新的人際經驗，可以重新塑造與整合腦部關於情緒記憶與依附的神經路徑，使個體得以擁有更穩定、彈性的情緒反應系統。這樣的研究啟發我們：即使早年經驗充滿挫折與失落，依然可以透過關係的力量修復內在傷痕，重新建立對自我與他人的信任感。

總結而言，嬰幼兒的依附關係不只是親子情感的表達，更是人生安全感、自我概念與社會互動能力的起點。而這一切的核心，來自於生命最初那些「我需要時，有人真的看見我」的瞬間。安全感從來不是天生的，它是被反覆回應、穩穩接住、慢慢長出來的心理結果。

第二節　當「我是誰」變成壓力：青少年的身分探索與邊界需求

> ### 青春期的心理轉角：身分感是如何被啟動的

進入青春期，個體不再只是依附於家庭的孩子，也開始向外部世界發出「我是誰」的疑問。心理學家艾瑞克森（Erik Erikson）將此階段的核心任務定義為「身分認同對角色混淆」（identity vs. role confusion）。這是一段充滿探索、實驗與矛盾的心理過程。青少年會質疑父母給予的價值觀，也可能對曾經自以為熟悉的自我產生懷疑。

身分感不只是選擇某一類型的打扮、音樂風格或交友圈，而是關於：我從哪裡來？我要成為什麼樣的人？我與他人有什麼不同？這些問題一旦沒有清楚的答案，就容易讓青少年陷入角色混淆，甚至以模仿他人、反叛既有規範或盲目融入團體來掩飾內在的不確定。這些反應常被大人誤解為「叛逆」，但實際上，它是一種內在不安與認同焦慮的表達。

> ### 自我界線的覺醒：從順從到主張的心理變化

青少年期的另一個心理主題是邊界（boundaries）。這是從心理依附過渡到心理獨立的重要指標。早期的孩子在許多事情上需要他人代為決定，而青少年則開始強烈要求對生活有更多

的控制權。這樣的改變表現為:「我想自己決定我穿什麼、我交誰、我信什麼。」

這不只是對控制權的爭奪,更是一種界線的劃設。心理界線是指個體如何區分自己與他人、維持自我感的心理能力。如果青少年無法建立健康的界線,就容易陷入過度依賴(無法做決定)或過度隔離(拒絕他人建議)。這兩者看似相反,其實都是界線模糊的結果。

而父母與師長在此階段的挑戰,是學會從控制者轉變為協助者。過度干預會讓青少年感到被侵犯,失去自主的空間;完全放任則可能讓他們在邊界未成熟前承擔過多風險。界線的建立,不是劃清界線後不再互動,而是學習「在哪裡該靠近,在哪裡該尊重距離」。

同儕關係的鏡子功能:我是誰的一部分來自你怎麼看我

青春期的自我探索並非孤立發生,它強烈地依賴於同儕團體的回饋。同儕關係就像一面社會鏡子,反映出青少年在他人眼中的樣貌。這種反映會直接影響他們對自我的評價與認同。

在這個階段,朋友的話語可能比父母更有分量,因為它們提供了現實世界的接納與否定。若一個青少年在同儕中能被理解、肯定,他就更可能發展出穩定的自我形象;相反地,若經

第二節　當「我是誰」變成壓力：青少年的身分探索與邊界需求

常遭遇排擠、羞辱或邊緣化，那麼自我認同就會受到嚴重打擊。

此外，社群媒體加劇了這種鏡子效應。青少年不僅活在真實生活中的評價，也同時活在社群點讚、追蹤、留言的即時比較中。他們可能為了迎合某種形象而失去自我，也可能因為社群中獲得的認同而過度依賴外在標準。

角色試驗的心理功能：混亂不是退步，是嘗試

身分探索不是一條筆直的道路，而是一場曲折反覆的「角色試驗」(role experimentation)。青少年會嘗試不同的興趣、交友方式、價值觀，甚至是極端的行為。這些行為不應被簡化為「不穩定」或「性格缺陷」，而是發展過程中必要的嘗試。

心理學家詹姆斯・馬西亞（James Marcia）提出四種身分狀態：身分擴散（低探索、低承諾）、早閉（低探索、高承諾）、延宕（高探索、低承諾）、成就（高探索、高承諾）。其中，真正健康的身分認同建立需要經歷探索與承諾的過程。因此，一個人在青少年階段看起來反覆無常，可能只是他還在尋找哪一種角色與自我比較貼近。

若外在環境過度要求「趕快定下來」、「不要三心二意」，可能會扼殺這段必要的心理旅程。當探索被抑制，角色混淆反而更可能延續至成年期，導致長期的不確定與自我懷疑。

第七章 從孩子到長輩,人生階段的心理轉彎

> ### 身分的多重組成:不只是你想成為誰,也包括你不想成為誰

身分的建立不只是選擇,而是篩選與拒絕的過程。青少年會藉由排除「我不要像某些人一樣」來畫出自我輪廓。例如:一個人可能說「我不要像父母那樣壓抑」,或「我不想變成一個冷漠的大人」,這些否定性的定義其實也在塑造自我。

這個過程顯示出身分是動態的、多層次的、甚至矛盾的,它同時包含了過去、現在與未來,也包含了自我與社會的關係。若教育與家庭能給予更多心理空間與語言資源,引導青少年理解這些矛盾是過程的一部分,而非錯誤,那麼身分的發展將更有彈性與深度。

在身分探索的過程中,真正需要的是一個「可以容許改變與模糊」的環境。這樣的空間,能讓青少年在迷惘時不必急著定義,在嘗試時不會被貼上標籤。最終,這些過程都將成為他們心理邊界成熟的養分。

第三節　選擇壓力與假性成熟：成年初期的心理轉場

從「自由」到「負擔」：選擇太多反而讓人焦慮

成年初期經常被視為人生中最自由的階段，不再有父母的直接監管，也開始可以為自己做出選擇。然而，這種自由往往伴隨巨大的壓力。要讀什麼科系、做哪份工作、要不要結婚、是不是該出國、要追夢還是找穩定？這些選擇不僅多，而且往往缺乏清楚的方向感。

心理學家貝瑞·史瓦茲（Barry Schwartz）指出，現代社會的「選擇悖論」（paradox of choice）使得人們在擁有更多自由時，反而更容易焦慮與後悔。成年初期正好是這種悖論最劇烈的時期。因為我們既被期待「選對」，又缺乏足夠的經驗來分辨什麼對自己是重要的。選錯的恐懼與比較的壓力，使許多年輕人即使外表看起來獨立自主，內心卻是動搖不安。

假性成熟：你以為你長大了，其實只是更會表演

所謂假性成熟，是指外在看起來已經進入成年角色，但心理上仍未具備足夠的自我整合能力。許多人在畢業後立刻投入職場，或是迅速進入戀愛與婚姻關係，看起來像是踏入大人的世界，實則只是匆忙套上了一層社會期待的外衣。

第七章　從孩子到長輩，人生階段的心理轉彎

　　假性成熟的特徵包括：過度迎合他人期待、不敢顯露脆弱、用物質或頭銜包裝自信、缺乏自我探索的空間與語言。這種狀態容易讓人陷入內外不一致的生活，一方面表現出獨立自主，一方面卻無法真實面對內心的空虛與不確定。

　　發展心理學研究普遍指出：真正的成熟不是外表像大人，而是能在壓力下維持自我感，並做出與價值一致的選擇。當一個人習慣了假性成熟的模式，他可能在工作、感情與家庭中都扮演著「應該是這樣的我」，卻從未問過自己：「我真正想要的是什麼？」

情緒獨立與經濟獨立之間的落差

　　社會上常把成年定義為「經濟獨立」，但心理學上的成熟遠不止如此。許多年輕人在經濟上可以自給自足，卻在情緒上仍高度依賴家庭、伴侶或社群評價。他們可能在外看起來堅強有主見，實際上每個選擇都需要外界認可才有安全感。

　　情緒獨立是指一個人能夠接住自己的情緒，不把內在空虛或焦慮全數轉嫁給他人，也不因為他人的否定就全盤否定自己。這是一種對自我價值的穩定感，也是一種能夠處理孤單與挫折的心理肌力。

　　若一個人始終未能發展出這樣的情緒系統，他就很可能在遇到挫敗或關係破裂時陷入崩潰，無法從內在重建力量。這也

第三節　選擇壓力與假性成熟：成年初期的心理轉場

是許多成年初期者雖然外在條件不錯，內心卻反覆感到空虛或失衡的原因。

社會腳本的挑戰：不是每條路都要照劇本走

成年初期最大的心理挑戰之一，是社會對成功與成長的隱性劇本：幾歲該畢業、幾歲該結婚、幾歲該穩定。這些標準不一定來自他人直接壓迫，而是長期在教育、媒體與家庭中內化的期望。

問題是，這些劇本並不適合所有人。有人適合早婚，有人需要晚點探索；有人適合直奔職場，有人則需先摸索幾年。若一個人在還沒弄清楚自己是誰、要什麼之前，就急著套入這些劇本，很容易在往後的生命中出現遺憾與反思：「當初那真的是我要的嗎？」

真正的成熟，不是照著時間表完成每一個社會期待，而是能意識到：我有選擇自己節奏的自由。而這種自由，不是反抗社會，而是基於對自我的了解與尊重。

從選擇困境中發展出心理彈性

成年初期不是結束，而是一場「開端的混亂」。在這個階段，我們需要學習的不是「正確答案」，而是如何與不確定共處。心理彈性（psychological flexibility）是此時期最重要的能力之一，

第七章　從孩子到長輩，人生階段的心理轉彎

它代表一種能力：即使沒有絕對保證，也能先行動；即使曾經選錯，也能重新調整；即使內心焦慮，也能維持向前的動能。

這樣的彈性來自於對失敗的重新定義。當我們不再把錯誤當作恥辱，而是看作經驗的一部分，成年初期就會少一些焦慮，多一點探索。人生不需要一開始就做對，而是需要在做中學、學中活，最後成為那個真實可持續的自己。

第四節　中年焦慮：斷裂與整合的心理交鋒

心理中的分水嶺：中年為何引發焦慮

中年不是單純的年齡數字，而是心理經驗的臨界點。多數人在這個階段會出現一種強烈的「時間感」，也就是對未來時間的有限性產生明確感知。心理學家丹尼爾・李文森（Daniel Levinson）將中年視為人生結構的轉換期，這是一段過往理想與現實落差對撞的心理劇場。事業是否達標？婚姻是否幸福？夢想是否被實現？當這些問題被堆疊在一起，便產生了所謂的「中年危機」。

這樣的焦慮並不單源於未竟之事，更來自於「這輩子還有多少時間可以嘗試」。時間感的迫近，讓人重新衡量人生選擇的價值，也可能讓人對過去的自己產生懷疑。這不是單一事件造成的恐慌，而是生命深層意義的動搖。

第四節　中年焦慮：斷裂與整合的心理交鋒

成就與空虛的交錯：內在的兩極拉鋸

中年焦慮最顯著的特徵之一，就是即便外在條件已相對穩定，內心卻出現難以言喻的空虛感。這種空虛並非源於匱乏，而是來自過度投入單一角色、忽略自我其他面向的結果。許多人在中年時發現，自己成為了別人眼中成功的樣子，卻失去了與自己真實對話的能力。

心理學家卡倫‧荷妮（Karen Horney）指出，自我理想與現實自我之間的距離，是引發焦慮的核心原因。中年人可能已經達成了某些社會期待，如成家立業、經濟穩定，但若內在理想從未被實現，便容易感到空洞與失落。這時的焦慮不再是「我能不能做到」，而是「這真的是我要的嗎？」

角色的鬆動與重組：誰說中年不能重來

中年之所以困難，是因為它往往是多重角色的集中點。你可能同時是子女的父母、父母的子女、主管的部屬、團隊的領導，而每一個角色都對你有期待。當其中任何一個角色出現裂縫，就可能動搖整體的心理結構。

然而，也正是這些裂縫提供了重組的可能。心理學家卡爾‧榮格（Carl Jung）認為，中年是個體化歷程的轉折點，也就是從社會角色中抽離、轉向內在整合的開始。這不代表離開社會，而是開始區分「我應該是誰」與「我真正是誰」。當人願意承

認某些角色已不再適合自己，就有機會重啟新的自我定義，並擁有心理上的二次成長。

從外在目標轉向內在意義：中年轉化的契機

中年焦慮有時也可被看作是一種內在呼喚，提醒個體回到「意義」的問題。年輕時的我們多半追求成就、獲得與進展，而中年則是開始反問：「我做這些，是為了什麼？」這不是一種否定，而是一種進一步的整合。

心理學家維克多・弗蘭克（Viktor Frankl）主張，人類最根本的動力是尋找生命意義。在中年階段，這個動力會變得尤為強烈。即使不離職、不離婚、不轉行，也可以透過重新定義工作、關係與生活方式，讓原本的生活承載新的意義。焦慮的本質，其實是一種轉化的徵兆。

整合與和解：中年心理成熟的開始

真正度過中年焦慮的關鍵，不在於「解決問題」，而在於「整合經驗」。這意味著，不再試圖讓所有角色完美、不再期待世界給答案，而是承認自己的有限性，並從中找到力量。這是一種對過往選擇的和解，也是對未來未知的接納。

整合是一種心理成熟的表現，它不意味著完美，而是願意帶著過去的傷痕繼續前行。當人能夠對自己說：「那些我沒做到

的,不代表我失敗;那些我改變的,不代表我放棄。」這樣的語言,就是中年焦慮開始轉為心理自由的信號。

中年不是終點,也不是中斷,它是一場深層對話的開端。在這段旅程中,焦慮不再是該被消除的錯誤,而是轉向整合與蛻變的入口。

第五節　老年心理不是退化,是重構

重新定義老化:不是變少,而是變深

多數人對老年的想像往往停留在「衰退」與「失去」的印象中,彷彿歲月只會帶來記憶力下降、行動變慢與角色邊緣化。然而,心理學的研究指出,老年其實是一段充滿重構潛力的發展期。心理學家保羅・巴爾特斯(Paul Baltes)提出「畢生發展觀」(lifespan development),認為發展不會因年齡而終止,反而在老年期展現出另一種形式的整合與智慧。

所謂重構,意指個體在經歷身體與社會角色的改變後,重新組織自己的心理資源、生活節奏與意義系統。這不僅是應對衰老,更是一種主動的內在再編排。老年不只是結束,更是一種轉化的開始,是回望與釋放、珍惜與深耕的時期。

第七章　從孩子到長輩，人生階段的心理轉彎

> ### 心理彈性的轉化：如何在有限中創造深度

老年期的挑戰，在於「有限性」的突顯——健康可能不如從前、社會參與減少、親人朋友相繼凋零，這些都是難以忽視的生命現實。但心理成熟並不在於否認這些失落，而是從中發展出新的彈性。心理學家蘿拉・卡斯滕森（Laura Carstensen）提出社會情緒選擇理論（socioemotional selectivity theory），指出隨著年齡增長，人們會更加珍惜當下的情感品質，而非擴展未來機會。

這表示老年人在社交上可能會更有選擇性，更重視與少數親密關係的連結，也更願意投入情感深度。這不是退縮，而是一種選擇性的聚焦，是將有限資源投注於高意義關係的表現。因此，我們不應該用年輕時的活躍標準來評價老年人的生活，而應從他們對當下的珍惜與反思中，看見另一種心理厚度。

> ### 身分角色的轉變與再建構

進入老年，許多人會經歷身分角色的改變，例如退休後不再是職場成員、子女長大後不再是主要照顧者、身體功能退化後不再是主導者。這些改變若沒有及時轉譯成新的意義與角色，容易造成自我價值感的流失。心理學家艾瑞克森（Erik Erikson）稱此階段為「自我統整對絕望」（ego integrity vs. despair），意即人在晚年要面對整個人生的回顧與接納，若成功整合，便能獲

第五節　老年心理不是退化，是重構

得內在安穩；若未能整合，則可能陷入懊悔與無力。

重構角色的關鍵，在於允許自己成為新的「自己」。不再是誰的母親、不再是誰的經理，而是可以是閱讀者、講述者、陪伴者，或是一位重新定義生活節奏的自由人。這樣的轉變不僅需要社會制度的支持，也需要個體重新編寫自己的生命敘事。

與身體共處：不是征服，而是協商

老年常被視為身體與機能的退場階段，但實際上，更準確的理解是「身體與心理關係的重組」。當視力下降、肌力減弱、慢性疾病出現，個體不再能以過往方式活動或表達自己，這時如果仍試圖「戰勝老化」，反而容易陷入沮喪與自我否定。

相反地，當老年人能將這些變化視為協商的契機，嘗試與身體對話、傾聽其節奏，而非強逼其配合年輕時的標準，就更有可能建立新的身體觀與自我觀。這種與身體的協調，其實也是一種心理彈性的表現，是從競爭轉為照顧，從掌控轉為理解的心理成熟指標。

人生最後階段的心理整合與精神自由

老年不只是收尾，更是精神高度整合的時期。許多心理學家都指出，老年人在經歷過人生各階段之後，更有能力進行抽象與哲學性的思考。他們會重新評估過往事件的意義，對生死問

題產生更深層的理解與接納，也更能體會人生中的美、憂傷與無常。

這是一種深度智慧（wisdom），不等於知識的堆疊，而是對矛盾的包容、對不完美的放下、對當下的開放。當一個人能夠說出：「我願意接納自己的不完整，並在其中找到價值」時，這種語言本身就是老年心理成熟的象徵。

因此，我們需要重新定義老年的意義——它不是人生的倒數，而是另一種展開。這段旅程，也許走得慢、走得穩，但每一步都深刻、都飽含重構的力量。

第六節　代間溝通的心理鴻溝與修復方法

不同世代，不只是年齡差距，而是心理語言的差異

代間衝突往往被簡化為「年齡差距」的問題，但心理學視角指出，這種衝突實質上是「價值系統」、「情緒表達方式」與「心理需求階段」的落差。每一個世代都在不同的社會背景下成長，經歷不同的政治經濟變遷、科技洗禮與教育方式，這些共同經驗形塑了其對於權威、自由、情感與責任的認知與期待。

舉例來說，長輩可能強調「吃苦耐勞」、「忍耐是美德」，而年輕世代則更重視「心理界線」、「情緒正義」與「自我實現」。這

第六節　代間溝通的心理鴻溝與修復方法

些看似矛盾的價值觀，實則是兩代人在不同生存環境下發展出來的應對策略。若彼此無法理解背後的脈絡，就容易陷入表面的爭執，將個人衝突誤解為性格問題，而非文化與心理發展階段的差異。

代間誤解的心理機制：期待落差與投射效應

心理學家指出，代間衝突常來自於「期待落差」（expectation gap）。上一代對下一代的期待，往往是基於自己的經驗與價值觀所建立；而下一代對上一代的行為解讀，也容易受限於當代語境與認知角度。當雙方都以「我認為對的方式」作為溝通起點，就會忽略對方真實的心理需求。

另一個常見現象是「投射效應」（projection），也就是將自己未完成的夢想、不安與焦慮投射到下一代。例如：一位父親年輕時沒能出國留學，便強烈要求孩子申請海外學程；而孩子若不願意，就被貼上「不上進」或「辜負父母」的標籤。這種將自己經驗複製到他人身上的期待模式，容易造成彼此心理壓力，也讓對話失去彈性。

溝通失效的本質：情緒未被聽見，認同未被建立

許多代間衝突之所以難以解決，不在於意見不同，而是「溝通感受的能力」低落。心理學強調，「感受被聽見」是關係修復

的第一步，這不等於接受對方的觀點，而是願意去理解對方說這句話背後的情緒。例如：當年輕人說「我不想加班」，他背後可能不是懶惰，而是對生活平衡的渴望；而當長輩說「我們以前都熬過來了」，其實是對韌性與責任感的驕傲。

代間溝通若只停留在內容辯論，忽略情緒脈絡，就容易產生「我講的你都不懂」的無力感。真正有效的溝通，需要的是「認同的建構」——即我知道你和我不同，但我願意理解你這樣想的理由。這種態度本身，就是一種跨代之間最深層的心理連結。

修復的第一步：從理解開始，而非要求一致

要跨越代間鴻溝，第一步不是說服對方接受我們的價值觀，而是進入對方的生命邏輯。心理學家馬歇爾・羅森堡（Marshall Rosenberg）提出非暴力溝通（Nonviolent Communication）理論，強調「觀察」、「感受」、「需要」與「請求」四個溝通步驟。其中，「需要」的辨識尤為關鍵，因為許多衝突的本質，來自於彼此對需要的誤解。

當我們能從指責語言轉向需求語言，從「你怎麼可以這樣」轉為「我很需要被理解」，代間溝通就開始出現縫隙與可能性。不是要彼此一致，而是願意為不同創造一個空間。這樣的空間，不只修補了情感裂痕，也讓每一代人都能在關係中保有自己的完整性。

建立跨代理解的日常實踐：語言、節奏與儀式

代間溝通的修復並非一蹴可幾，而是一種生活方式的重建。它需要在日常中練習對話的語言，例如：用開放式問題取代批判語氣、用傾聽取代急於回應、用描述感受取代下判斷。這些語言的轉變，會逐步讓關係從緊張轉向彈性。

同時，也要尊重彼此的節奏。長輩不一定能馬上理解新世代的觀點，年輕人也不需立刻認同傳統價值，但若能在互動中容許彼此的步調差異，便能為信任累積時間。

最後，關係也需要儀式感來重建。例如固定的家庭聚餐、節日共創活動、世代共同參與的旅行與對話空間，這些結構化的安排能讓不同世代在情境中重新認識彼此，而不只是角色間的指責與期待。透過這些實踐，我們不只在跨代對話中學會理解他人，也重新學會成為一個被理解的人。

第七節　人生階段的心理重塑與意義探索

不是轉變一種身分，而是更新整個自我系統

從嬰兒到老年，我們歷經了依附、探索、選擇、焦慮、重構與修復，但這些階段並非線性完成，而是重複發生、彼此交錯。心理重塑不只是每個階段的結尾，更是一種意識的更新與

第七章　從孩子到長輩，人生階段的心理轉彎

結構的調整。每當我們面臨新的角色轉換或生命事件，舊有的自我架構就會面臨挑戰，這正是心理重塑的起點。

心理學家丹尼爾・席格（Daniel Siegel）指出，自我是一種可塑的神經結構，能隨著經驗進行整合。也就是說，我們不是固定的自己，而是一種持續調整的有機系統。當我們從「我是這樣的人」轉向「我可以成為不同的人」，我們的心理彈性才真正啟動。

意義感的生成不是來自答案，而是持續提問

每一個階段的結束，都是下一段探索的開端。維克多・弗蘭克（Viktor Frankl）在其著作《活出意義來》中提到，人類最深層的動力不是快樂或成功，而是意義（meaning）。而意義的本質，並不是靜態的答案，而是我們與生命提問之間不斷互動的歷程。

心理重塑的過程，其實就是重新定義「什麼對我重要」的歷程。當我們在職場挫敗後仍願意相信價值，在失戀後仍願意相信連結，在健康流失後仍願意相信生命的重量，這些都是意義的再建構。它不是靠邏輯推論，而是靠情感的連結、記憶的重組與價值的更新。

第七節　人生階段的心理重塑與意義探索

自我敘事的更新是整合過往的開始

人對自己的理解，不來自真相，而來自故事。心理學家丹‧麥克亞當斯（Dan P. McAdams）提出「自我敘事」概念，指出我們是透過講述自己的方式來建構身分。當人生進入某個停滯期，我們真正需要的，不是別人給的建議，而是一次自我敘事的重整。

這種敘事更新，不是重寫歷史，而是重新定義事件的意義。例如：你可以從「我曾經失敗」轉化為「我從那次學會什麼」，從「我被遺棄」轉化為「我開始學會照顧自己」。敘事的重構讓我們不再被困在事件本身，而是從中走出新的心理定位。

成長不是改變自己，而是更懂怎麼跟自己相處

心理重塑並非追求一個更優秀的版本，而是學會接納不完整的自己。心理學家克莉絲汀‧奈芙（Kristin Neff）在自我慈悲（self-compassion）理論中提到，真正的成長，是從責備轉為理解，從否定轉為照顧。

當我們能對自己的恐懼說「這是正常的」，對自己的焦慮說「我願意陪你走過」，那麼心理的根基就不再依附外界，而是內在穩定感。這是一種成熟的自我連結，也是一種不必再靠表現來證明價值的自由。

第七章　從孩子到長輩，人生階段的心理轉彎

> ### 生命是一種反覆重構的心理工程

心理重塑不是單一事件，而是一種持續發生的內在歷程。它可能在新工作、新關係、人生打擊、身體病痛或單純的一場深刻對話中發生。它的本質不是改變別人，也不是要變成理想中的自己，而是把「經驗」變成「理解」，再從理解中長出新的意義。

人生的每一個階段，都值得用新的眼光重新命名。不是把青少年視為問題期，而是視為界線建構期；不是把中年視為危機期，而是整合轉向期；不是把老年視為退化期，而是深度智慧期。當我們願意這樣理解每個階段，我們就不再是時間的奴隸，而是生命歷程的參與者與創造者。

第八章
關係中的心理戰：
愛、距離與邊界

第八章　關係中的心理戰：愛、距離與邊界

第一節　為什麼我們會吸引一樣的人？

> 關係是一種模式的延續，不是隨機事件

當我們回顧過往的親密關係，是否曾驚訝地發現自己總是不自覺地重複吸引到相似性格的人？可能總是被控制欲強、忽冷忽熱、容易失聯或過度依賴的人吸引，儘管每段關係表面不同，但內在劇本卻雷同。這種現象並非偶然，而是心理結構與關係經驗的延續。

精神分析學者羅納德・費爾貝恩（W. R. D. Fairbairn）在客體關係理論中指出，人會根據早年與重要他人（通常是父母）的互動經驗，內化出一種「內在客體關係」（internal object relationship）。這些內在劇本會成為我們在關係中辨認「熟悉感」的依據。換句話說，熟悉的人格特質，會讓我們產生錯覺：這樣的關係比較安全，即便它並不健康。

> 吸引不是邏輯的選擇，而是心理需求的回聲

在一段關係剛開始時，我們往往認為自己是根據理性與條件做出選擇：對方體貼、談吐不錯、外型合適。但事實上，吸引的產生更多源於潛意識的心理需求。心理學家約翰・鮑比（John Bowlby）的依附理論指出，成人的親密關係會重演早年的依附經驗。若我們童年缺乏穩定照顧，就可能特別渴望、甚至

依賴那些忽冷忽熱的人，因為他們喚起了熟悉的焦慮情緒。

這種吸引不是「我們喜歡受苦」，而是心理結構在追尋熟悉的刺激。即使知道對方不適合，仍難以抗拒靠近，因為這段關係「讓我感覺像我自己」。這樣的現象顯示出關係其實是內在自我結構的一面鏡子，吸引的對象就是我們心理需求的外在延伸。

此外，吸引往往與「未解的情感議題」緊密相連。若我們曾在成長歷程中習慣壓抑情緒，長大後就可能對情感表達曖昧不明的人產生吸引，因為這類人間接允許我們繼續保持低表達的安全策略。這些潛藏的心理互補關係，其實不是彼此契合，而是共構了一種既熟悉又難以擺脫的「情感迴路」。

我們如何在關係中強化自己原本的信念

更進一步地，當我們進入一段關係時，也常會在互動中不自覺地強化自己原本對關係的信念。若一個人深信「我不值得被愛」，即使遇到關心他的人，也可能因為不安與懷疑而表現出疏離、防衛、測試對方，最終導致對方退縮，而再次印證「果然沒人會愛我」。這不是對方的問題，而是自己在關係中重複過去的心理腳本。

心理學家威廉・B・史旺（William B. Swann, Jr.）將此現象稱為「自我驗證」（self-verification），即個體會傾向尋找、吸引並維持那些能強化自我概念的他人。這也解釋了為什麼某些人即使渴望健康的關係，卻總吸引到讓自己受傷的人──因為那

第八章　關係中的心理戰：愛、距離與邊界

些傷，正符合他對自己的舊有信念。

心理學上稱這類重複劇本為「以關係作為補償的傾向」，也就是試圖用當前關係來填補早年情感缺口。問題在於，當這些補償是無意識的，我們就很難真正面對自己的需求。表面上看似渴望關係，實則深層內心是在追求某種心理修復，而不是與人建立真誠的連結。

打破吸引模式的第一步是覺察與中斷自動反應

要改變這種反覆吸引相同類型人的模式，第一步是「覺察」。你需要辨識出自己過去關係中的共通線索：我總是被哪種類型吸引？我在關係中扮演什麼角色？我對關係的基本信念是什麼？

接著，是「中斷」。這並不是要求自己立刻做出全新選擇，而是當類似的互動情境出現時，試著延遲反應，給自己一個選擇的空間。例如：以往你在對方忽略訊息時立刻焦慮並追問，現在可以練習暫停、自我安撫、再回應。這些微小的行動，就是改寫吸引模式的起點。

除了自我覺察，也可以透過心理治療或關係回顧練習，更清楚地看見自己選擇背後的邏輯。心理諮商師時常會協助個案回溯其關係模式，並釐清哪些吸引是來自本能，哪些是過去的重複，哪些才是自己真正在意的連結方式。

> 真正的親密不是「剛好被吸引」，而是「意識的選擇」

關係不是一場命運劇本的重播，而是我們與內在世界對話的延伸。當我們不再只是被吸引，而是開始學會選擇——選擇誰能靠近、選擇如何靠近、選擇什麼樣的互動才是滋養而非消耗——我們才能從關係中真正長出自由感。

意識地選擇意味著：我了解我的需求、我承認我過去的創傷、我知道什麼會讓我重複受傷，而我願意練習新的方式。不是拒絕愛，而是更新我如何去愛，也接受他人如何靠近。

每一段關係，都是一面心理鏡子。當我們懂得辨識鏡中的模式，而不再照單全收，我們才真正踏上從複製到創造的關係旅程。這不只是愛的開始，更是自我意識成熟的證明。

第二節　關係依附類型與情感迴路

> 成人依附風格：童年模式的延伸

我們在成人關係中的表現，其實常常早已在童年奠定基礎。心理學家約翰・鮑比（John Bowlby）與瑪麗・安斯沃斯（Mary Ainsworth）共同建構的依附理論指出，嬰幼兒與主要照顧者的互動經驗，會內化成穩定的心理結構，影響日後親密關係中的行為與情緒反應。

第八章　關係中的心理戰：愛、距離與邊界

成人依附風格可表述為：

◈ 安全型（secure）：能在親密與自主間自如切換，清楚表達需求、信任他人，衝突後願意修復；

◈ 焦慮－專注型（anxious-preoccupied）：強烈渴求靠近，對回應延遲高度敏感、常擔心被拋棄並反覆尋求保證；

◈ 逃避－輕視型（dismissive-avoidant）：高度重視獨立，淡化或壓抑情感需求，壓力下傾向抽離、以理性化保持距離；

◈ 恐懼－逃避型（fearful-avoidant）：同時渴望親密又害怕受傷，互動忽近忽遠、訊號矛盾，常與早期關係創傷或照顧不一致相關。

這些風格不是性格差異，而是早期依附經驗的結果。一個童年經歷情緒忽視或不一致照顧的人，即使在成年後理性上知道愛是什麼，情感上卻可能無法承受太靠近的連結，或在被關心時感到不安。這些反應不是有意的防衛，而是深層的記憶與神經反應所致。

情感迴路如何啟動你的關係模式

我們每個人在關係中都會啟動特定的「情感迴路」（emotional loop），這些迴路是由過去的經驗建立起來的刺激－反應機制。舉例來說，當你發現對方晚回訊息時，若你內在有被忽略的經驗，就可能迅速進入焦慮與自我懷疑；而如果你的模式是逃避

親密,就可能用冷漠或轉移注意力來避開內心的不安。

這些情緒反應表面上看來只是習慣,其實底層是「關係存活策略」。你的大腦早已學會「如何在關係中保護自己」,即使這個策略可能讓你失去真正的連結。心理學家蘇珊・強森(Susan Johnson)在情緒焦點治療(EFT)中指出,關係衝突的核心往往不是行為,而是未被看見的依附需求。

這表示,當我們在關係中感到憤怒、冷淡、黏膩或疏離時,真正的問題不是情緒本身,而是那個未被說出口的恐懼:你會離開我嗎?我還被你在乎嗎?我夠好嗎?情感迴路的重組,必須從認出這些底層訊號開始。

情緒反應是訊號,不是敵人

多數人把情緒反應視為破壞關係的障礙,試圖壓抑或控制情緒來維持表面和諧。然而,情緒其實是人際互動中的「雷達」,提供我們有關安全、接納與邊界的重要訊息。若能學會聆聽這些情緒,而非急於壓制,我們才能從反應中獲得真正的線索。

舉例而言,焦慮並不一定是脆弱的象徵,而可能是在提醒你,這段關係中有些部分讓你感到不穩定;逃避不是冷酷,而可能是過往關係傷痕讓你學會用距離來自保。當我們停止用道德標籤評價情緒,而是將其視為心理資料,我們才有可能釐清自己的需要,並用更適切的方式表達。

第八章　關係中的心理戰：愛、距離與邊界

情緒的作用不在於控制他人，而是幫助我們理解自己在關係中的位置與渴望。心理學家塔拉·布拉克（Tara Brach）提出「正念接納」（Radical Acceptance）概念，強調在情緒出現時不批判地看待自己，並學習與情緒共處，才可能真正打破自動化反應。

改變關係模式的心理起點：從理解自己開始

當我們能夠理解自己的依附風格與情感迴路，就能有意識地選擇新的互動方式。這不代表要壓抑情緒或假裝沒事，而是學會在情緒升起時給自己一點空間，辨識「這個反應來自哪裡」而不是直接投射在對方身上。

關係的改變不是期待對方先改，而是從自己開始重組心理模式。例如：當你感覺被忽略時，不再用責備或沉默來應對，而是練習說出：「我知道這可能不是你的本意，但我剛剛的感覺是孤單的，我希望我們可以討論。」這樣的語言，是把依附需求轉化為對話橋梁，而不是對立工具。

關係是兩個人心靈的交集，而不是輸贏的戰場。理解自己的依附風格與情緒反應，就是學會拿回關係的主動權。當你不再只是反應，而是有意識地選擇連結方式，你就開始走出舊有的情感迴路，進入一段更自由、真誠與成熟的關係旅程。

第三節　情緒勒索與內在罪惡感的交叉點

> 勒索不是命令，而是情緒的操控

當我們談到情緒勒索，往往直覺聯想到「情緒綁架」、「威脅」、「你不照我的話做就是不愛我」這類語言。但實際上，情緒勒索更多時候是一種細膩的操控，它不需要大聲吼叫，也不一定帶有明顯惡意，而是透過暗示、沉默或自我犧牲等方式，引發他人的罪惡感，進而操縱其行為。

心理學家蘇珊‧佛沃（Susan Forward）將情緒勒索定義為「一種親密關係中的操控過程，勒索者使用恐懼、義務與罪惡感迫使對方就範」。這種操控之所以有效，是因為它抓住了人最脆弱的心理點──我們想成為好人、不想讓人失望、不敢承擔被討厭的風險。

情緒勒索的常見語句包括：「我都是為你好」、「你讓我很失望」、「你要是這樣，我會很傷心」。這些話表面上看似關心，實則是一種「情緒交易」，對方付出情感壓力，換取你放棄原則與選擇。勒索者未必有意傷害，但他們學會了用情緒作為槓桿，逼迫他人服從。

第八章　關係中的心理戰：愛、距離與邊界

為什麼我們這麼容易被勒索：罪惡感的心理根源

多數人之所以會陷入情緒勒索的漩渦，是因為內在早已埋下了「我必須讓別人開心」、「如果我拒絕，代表我不夠好」的信念。這些信念多半來自童年經驗，特別是在情感交換中學會了「乖」才會被愛、「犧牲自己」才是值得的人。

自助作家路易絲・海（Louise Hay）指出，罪惡感是一種最沒用卻最強烈的情緒，它讓人停留在自責中，卻無法產生真正的行動。當我們對別人的失望感到過度責任，或對自己的選擇感到羞愧時，就容易讓情緒勒索產生作用。

罪惡感的核心，是價值感的混淆。我們把對方的不滿解讀成「我不夠好」，把對方的需求等同於「我的義務」。這種混淆使我們在關係中失去了心理邊界，只要對方稍微展現失望，我們就立刻退讓甚至自責。

勒索的四大型態與心理動機

情緒勒索者並非都來自惡意，他們的行為通常來自深層的不安與控制欲。根據心理學研究，常見的勒索型態包含以下四種：

- ◈ 懲罰者（Punisher）：透過怒氣、冷戰、拒絕互動等方式懲罰不服從者，例如「你不聽我的話我就不理你」。
- ◈ 自我處罰者（Self-punisher）：以過度自責來綁架對方，例如「都是我不好，你不用理我了」，讓對方承擔過多情緒責任。

第三節　情緒勒索與內在罪惡感的交叉點

- 受苦者（Sufferer）：透過展現無助、憂鬱、身體不適等方式獲取關注與妥協，例如「我這麼可憐你還不讓我」。
- 吊胃口者（Tantalizer）：不說明需求、不表達不滿，卻以情緒低氣壓讓對方自行感到焦慮與內疚。

這些行為雖不同，但背後的共同動機是：「我害怕失去控制，所以用情緒讓你照我的方式來做。」理解這點，是辨識勒索與保護自己界線的重要起點。

停止被勒索的第一步：覺察自己的情緒責任

擺脫情緒勒索，不是去改變對方，而是要先重新定義「我對誰負責」。許多人長期活在「我應該讓別人快樂」的邏輯中，忽略了自己的情緒也是需要照顧與正視的。心理成熟的關係，不是單方面滿足他人需求，而是彼此願意為自己的選擇負責。

練習辨認自己的「情緒責任感」是關鍵。例如當你感到內疚時，問自己：「我真的做錯了嗎？還是只是對方不滿我沒順著他？」當你想要妥協時，問：「這是我真心願意的，還是為了避免被討厭？」透過這樣的內在對話，我們才能從情緒勒索中抽身，而非持續內化對方的操控訊號。

此外，學會清楚表達「這是你的情緒，不是我的錯」也很重要。這不等於冷漠，而是為自己劃出心理邊界，不讓對方的情緒成為自己的枷鎖。

第八章　關係中的心理戰：愛、距離與邊界

真誠的連結不建立在罪惡感，而是界線與尊重

真正健康的關係，建立在相互尊重與清楚界線之上，而非「你為我改變」或「我為你犧牲」。情緒勒索之所以傷人，是因為它讓愛變質，讓照顧變成壓力，讓連結變成負債。

當我們開始辨認並拒絕情緒勒索，關係未必會立即和諧，甚至可能歷經衝突與對方的不滿，但這正是重建真實關係的過程。唯有當我們學會在愛裡說「不」，才能擁有真正能持續的親密關係。

停止被勒索，是一場心理自主的練習，也是讓愛回到平等與自由狀態的起點。從此之後，我們不再是別人情緒的接收器，而是自己情緒的主人。

第四節　「給太多」是補償還是焦慮？

過度付出的表面與深層心理動機

在許多關係中，有些人總是不自覺地「給太多」——付出時間、情緒、金錢，甚至犧牲自己的需求來滿足對方。這種看似無私的付出，表面上像是愛，實則可能是補償心理或焦慮驅動的行為。心理學家海瑞亞・勒納（Harriet Lerner）指出，關係中不平衡的付出往往源於內在的自我價值匱乏，而非真正的愛。

第四節 「給太多」是補償還是焦慮?

這類人經常把自己的存在價值與他人是否開心綁在一起。他們無法接受對方失望或不滿,於是用「多給」來避免衝突與自我否定。久而久之,這樣的付出形成了一種模式,不只是善意,而是對失控與不被愛的深層恐懼的反射。

補償心態:為了掩蓋內在匱乏的心理交易

「給太多」有時是為了填補一種內在的虧欠感——對自己不夠好、對過去的彌補、對童年的匱乏進行心理交易。補償心理使人相信,只要給得夠多,就可以換來安全、認同與存在感。

心理學家梅蘭妮‧克萊因(Melanie Klein)在其客體關係理論中提到,早期依附不穩的個體容易內化「我是不夠好的」,進而在成人關係中用付出來證明「我值得」。這樣的補償不是愛的表現,而是一種對自我價值的不信任所產生的焦慮對策。

例如:一個人總是不斷為伴侶買禮物、安排活動、做出犧牲,其實並不是為了兩人的幸福,而是為了壓抑心中那句「我不夠好,他遲早會離開我」的聲音。這種補償行為讓人陷入關係中的被動與委屈,失去了彼此對等互動的可能。

焦慮性付出:愛的表達,還是關係控制?

焦慮驅動的付出,常常伴隨著「我付出這麼多,你應該要回報我」的潛臺詞。這種付出不再是自發性的愛,而是包含了預

第八章　關係中的心理戰：愛、距離與邊界

期、控制與恐懼。如果對方沒有回應預期的感謝或回饋，就容易引發失望、指責與冷漠反應。

心理學家蘇珊・強森（Susan Johnson）指出，焦慮型依附者傾向過度投入來維持關係穩定，但這樣的穩定並不牢靠，反而讓對方感受到壓力與窒息。焦慮付出的本質是一種「看似愛，其實是怕被遺棄」的策略。

在這種互動中，付出者表面看起來無條件，實際上內心是緊繃的，時時觀察對方反應，害怕失去位置。當對方未依期待回應，就會產生委屈與反向情緒，甚至感到自己被利用。這樣的惡性循環，會讓原本的關係失去真誠與彈性。

界線模糊：從「我應該」到「我願意」的轉變

給太多的另一個根源是心理界線的不清楚。這樣的人往往不分「我的責任」與「對方的責任」，把他人的需求視為自己的義務。他們無法說「不」，因為內心深處害怕被認為自私、冷漠、不夠好。

界線不清的人，付出常伴隨焦慮與勉強。他們不懂得評估自己的能力與需求，而是根據他人期望來決定自己的行動。社會工作學者布芮妮・布朗（Brené Brown）指出，真正的同理心來自有界線的付出，當我們願意基於誠意而非壓力付出，才有可能在關係中保持真實與穩定。

第四節　「給太多」是補償還是焦慮？

從「我應該幫你」轉變為「我願意幫你」的語言,是建立健康界線的開始。這樣的語言不是拒絕愛,而是尊重自我,也讓關係中的付出回到自由選擇,而非隱性責任。

讓愛回到平衡:從付出中找回自己

付出本身沒有錯,錯的是我們用它來換取價值、掩蓋匱乏、證明存在。當我們把愛變成焦慮的出口,關係也就失去了流動與自由。

要擺脫過度付出的心理困境,第一步是重新檢視付出的動機。問問自己:「這是我真的願意的嗎？還是我在補償什麼？」、「如果對方沒有回應,我還會做嗎？」這些提問能幫助我們辨識什麼是健康的愛,什麼是焦慮的假象。

真正成熟的愛,不需要過度證明,而是能在保有自我的前提下與人連結。當我們開始懂得為自己保留能量、說出界線、選擇付出的時機與方式,我們就從焦慮的愛走向自由的愛,也在關係中找回真正的自己。

第八章　關係中的心理戰：愛、距離與邊界

第五節　親密恐懼與逃避連結的心理邏輯

親密不只是靠近，而是暴露真實自我

當我們談論親密關係，往往將它等同於愛、依賴與情感交流。然而，對某些人而言，親密卻是一種讓人焦慮的經驗。他們會在關係逐漸深入時突然疏離、冷淡，甚至主動切斷連結。這種現象被稱為「親密恐懼」(fear of intimacy)，其根源並非不愛對方，而是害怕暴露真實的自己會導致失望、羞辱與被拋棄。

臨床心理學家戴安娜・佛夏（Diana Fosha）指出，親密恐懼的核心是「不被接受的焦慮」。當一個人自我概念中隱含著「我不值得被愛」、「我有缺陷」的信念時，親密就成了可能揭穿這些信念的場域。為了避免這種心理風險，個體可能會透過各種方式逃避連結，保護自己免於情感暴露的痛苦。

逃避型依附的心理防衛機制

親密恐懼與逃避型依附風格有高度重疊。逃避型依附者往往習慣獨立、冷靜、不依賴他人，並將情感表達視為不必要甚至是危險的行為。這樣的防衛機制並非天生，而是來自早期照顧經驗中情緒無法被接住或回應的學習結果。

心理學家克里斯・弗瑞利（Chris Fraley）指出，逃避型者在

第五節　親密恐懼與逃避連結的心理邏輯

兒童期學會了「靠近會帶來痛苦」，因此在成年後發展出壓抑需求、否認脆弱、保持距離的互動方式。這些策略在短期內能避免失望，但長期下來卻形成一種「孤立中的安全」，使得他們難以真正體驗親密關係的滋養與支持。

逃避型者也常會在關係中表現出高度自足的樣貌，不願接受幫助、不願暴露需求，甚至在親密時刻突然轉向冷淡。這樣的防衛不僅保護了他們免於情緒風險，也讓對方無法真正靠近，最終使雙方都陷入關係的孤島之中。

親密關係中的拉鋸：靠近與後退的循環

親密恐懼並不總是呈現為絕對的逃避，更多時候是一種反覆靠近與退後的情緒拉鋸。一方面渴望被理解與連結，一方面又害怕太靠近會失去自我。這種衝突使得關係常陷入不穩定狀態：一旦感覺過於親密，就以工作忙碌、需要空間或情緒低潮為藉口退出關係；當對方退開，則又重新示好與挽留。

這種情感拉鋸對伴侶而言極具耗損，因為他們常會感到困惑與不被信任。而對親密恐懼者本人來說，這樣的互動模式其實是一種「親密策略」，用來測試他人是否願意無條件接納自己、是否能承受真實的自己。這不僅是防衛，更是內心深層的渴望與試探交織的結果。

第八章　關係中的心理戰：愛、距離與邊界

真實的親密，需要穿越不安與自我保護

克服親密恐懼不是「逼自己靠近」，而是學會與自己的脆弱共處。這包含接納自己並非完美、允許自己在關係中有需求、有情緒、有失控的可能。親密不等於融合，而是能在分化中彼此接觸。

心理學家大衛·施納奇（David Schnarch）在其理論中指出，真正的親密來自「自我分化」（self-differentiation），也就是即使我與你靠近，我仍保有我自己。當一個人能夠承受關係中的情緒壓力、表達真實意見、不以退縮作為保護機制，親密就不再是威脅，而是一種連結的深化。

這需要時間與練習，也需要安全的關係環境來容納。對於有親密恐懼的人而言，進入一段健康關係的初期可能極為不適，但這正是心理成長的突破點。當他們願意一點一滴鬆動過往的防衛策略，關係便不再是壓力源，而是修復創傷的空間。

愛的本質不是依附，而是勇敢靠近

親密恐懼不是對愛無感，而是對愛有太多期待與焦慮。唯有當我們願意承認自己的不安，允許對方看見不完美的自己，並相信「我值得被接住」，我們才能從逃避的孤島走向關係的橋梁。

愛不是完美狀態，而是在不確定中選擇靠近。當我們放下「要夠好才被愛」的信念，開始練習真實地表達需求、允許情緒

波動、不再用距離掩飾脆弱時，我們便能一步步從親密的恐懼走向親密的自由。

親密關係不是避免風險，而是選擇與風險共處。當我們願意承擔靠近所帶來的不確定，才能真正經歷關係的深度與共鳴。而這種靠近，不只是對他人開放，更是對自我接納的深層修練。

第六節　設立關係邊界的五種情境演練

> 關係邊界不是距離感，而是尊重感

在人際互動中，「界線」是一個經常被誤解的詞彙。許多人認為設立邊界等於冷漠、自私、拒絕親密，甚至會被貼上「不好相處」的標籤。然而，心理學指出，健康的界線不僅不會傷害關係，反而是維護彼此尊重與信任的必要條件。臨床社工與心理治療師內德拉・格羅弗・塔瓦布（Nedra Glover Tawwab）在其著作中強調，界線是一種自我照顧的實踐，是讓他人知道如何尊重我們的方式。

設立邊界並不代表不愛，而是希望在愛裡保有自我。在關係中沒有邊界，容易產生角色混淆、情緒負擔與長期壓抑。當我們學會說出「我需要時間整理思緒」、「我現在無法答應這件事」或「我尊重你，但我不贊同你的做法」時，其實不是疏離，而是在為關係建立清晰且安全的互動基礎。

第八章　關係中的心理戰：愛、距離與邊界

情境一：家庭聚會中被迫討論私事

你是否有過在家庭聚會中被長輩逼問薪水、感情狀況或生育計畫？這些看似「關心」的對話，實際上侵犯了個人隱私，也可能引發情緒焦慮。這時候，設立邊界的關鍵是溫和而堅定地回應，例如：「我知道你關心我，但這件事我暫時不想談」或「這是我自己會處理的範圍，謝謝你的關心」。

重要的是，不需要解釋過多，界線的建立不應以說服對方為目標，而是明確表達自我需求與感受。當我們開始在熟悉的場域練習邊界設定，也同時讓家人學會重新界定彼此的角色與距離。

情境二：戀愛關係中一方無視個人空間

在戀愛中，「關心」與「監控」往往只是一線之隔。有些人會因為焦慮與依附需求，而不斷查詢對方行蹤、要求立即回訊或介入生活細節。若不設立界線，這樣的互動容易造成情緒窒息與失衡。

此時，可以透過具體行為界定界線，例如：「我需要每週至少有一天自己的時間」、「我不會即時回訊是因為我在專心處理工作，不代表我不在乎你」。界線的設立必須明確、重複並一致，不是一次性的公告，而是一種關係習慣的調整。

情境三：工作職場中下班後仍被要求回應訊息

職場是現代人壓力的重要來源之一，尤其是當「無邊界工作文化」蔓延時，下班時間變得形同虛設。許多員工出於責任感或怕得罪主管，即使晚上或週末仍持續回應訊息，導致長期情緒耗竭與工作倦怠。

設立職場邊界，可以從設定可接受的聯絡時間開始，例如明確告知主管：「若不是緊急事項，我會在上班時間回覆訊息。」或設定自動回覆功能，表達尊重與自我管理。這不僅是對工作的界線，也是對心理健康的守護。

情境四：朋友聚會中經常被迫附和團體意見

在朋友群中，我們常會遇到「一致壓力」，也就是為了維持氣氛或不破壞和諧，而強迫自己附和不認同的決定或話題。例如明明不想參加某活動，卻因為「大家都去」而勉強自己加入。

建立這類社交邊界的方式，是先認清「我的價值不取決於是否附和群體」，再練習說出：「這次我想休息，但下次有機會再一起」、「這個話題我不太舒服，我們可以聊別的嗎？」這些語言不會讓你脫離群體，反而讓真正的友誼建立在尊重而非壓抑之上。

第八章　關係中的心理戰：愛、距離與邊界

情境五：在照顧他人時忽略了自己的需求

許多人在人際中扮演「給予者」角色，尤其是長期照顧父母、伴侶、朋友或病人時，常將自己的需求完全壓抑，甚至覺得為自己爭取時間是一種自私行為。但心理學上早已指出，過度利他會導致情緒耗盡與自我否定。

在這種情境中，邊界的設立包含允許自己休息、向他人求援與說出「我現在需要幫忙」。這不是逃避責任，而是承認自己也是一個需要被照顧的人。當我們開始重視自己的身心狀態，也才能有穩定的能量照顧他人。

建立界線，不是疏遠，而是讓關係更長久

很多人擔心設立界線會讓人覺得冷淡或疏離，事實上，真正的關係從來不是靠犧牲與委屈來維繫，而是靠彼此尊重與清楚的互動方式。界線不是阻擋連結，而是讓連結更清晰、更安全。

當我們願意練習在不同情境中表達自己的界線需求，也是在幫助他人更了解我們的底線與界限。這樣的過程雖然需要勇氣與反覆練習，但最終將建立出更成熟、有韌性的關係系統，也讓我們在親密與獨立之間找到穩定而自在的節奏。

第七節　健康關係的心理三要素

> 關係的穩定，不靠運氣，而靠心理結構

一段健康的親密關係並非偶然得來，而是建立在穩定的心理架構上。無論是愛情、友情或家庭關係，若要長久而平衡地發展，都需具備三個關鍵心理要素：自我界線、情緒回應與價值對等。這些要素並非理論建構，而是在日常互動中不斷被考驗與調整的心理工程。

心理治療師埃絲特・沛瑞爾（Esther Perel）曾指出：「關係不是讓你失去自己，而是讓你更靠近自己。」這句話點出了健康關係的核心——我們不僅要在其中連結對方，更要能保有自己。如果一段關係讓你感到失去空間、喪失自尊或自我模糊，那麼即便雙方仍在一起，實際上也可能處於一種心理失衡狀態。

> 第一要素：自我界線的清楚與維護

自我界線並不是將人推開，而是為自己與他人劃定心理空間，讓尊重與信任得以建立。關係中的自我界線涵蓋了：你願意分享多少、你不願接受哪些對待、你在哪些時候需要保有空間等。唯有界線明確，我們才能在關係中保持真實，不被過度吞噬。

例如：在爭吵時能說出「我需要一些時間冷靜，再來談這件事」，就是一種界線的表達；在對方要求你做不舒服的事時敢說

第八章　關係中的心理戰：愛、距離與邊界

「不」，也是界線的維護。界線不是一次說完就結束，而是一種長期互動中的持續表達與調整。當對方理解並尊重你的界線，關係便能在差異中穩固下來。

界線的建立也需具備自我信念。若一個人內心對自己的價值感不足，就容易因害怕衝突而模糊界線、過度妥協，進而使自己在關係中逐漸消耗。唯有當我們真心認同自己的需求與感受是合理的，才能堅定地守住界線，而不是用取悅來換取關愛。

第二要素：情緒回應的成熟與一致

健康的關係需要情緒的流動，但更需要成熟的情緒回應能力。這不代表不能生氣、難過或脆弱，而是當這些情緒出現時，我們能夠理解它們的來源、負責任地表達，並對他人的情緒給予適度回應。

心理學家約翰・高特曼（John Gottman）在研究長期伴侶時發現，穩定關係中最重要的不是是否有衝突，而是雙方能否在衝突後修復關係。這種修復能力，來自成熟的情緒理解與回應力。例如：在對方情緒激動時不立刻反擊，而是說：「我知道你很不高興，我們可以晚點再談嗎？」這樣的回應既承接了情緒，也保留了對話的空間。

成熟的情緒回應並非天生，而是可以學習與練習的能力。當我們願意多一點自我覺察、少一點立即反應，關係就會從對抗走向理解。

此外，一致性的情緒反應更是關鍵。當我們在不同時間對相似情境有著大幅度不同的回應，會讓關係中的他人無所適從，也會使互動變得不穩定。穩定不等於壓抑，而是讓情緒有節奏地表達出來，讓對方知道如何與我們相處，進而建立更深層的安全感與信任基礎。

第三要素：價值對等與關係中的平衡感

真正的親密關係，不只是情緒的連結，更是一種「價值的交換」。這不等於計較，而是彼此在關係中感受到對等的尊重與重要性。如果一方總是在付出、一方總是在接受，久而久之會產生情緒債務與不平衡感，讓原本的愛意變成壓力。

價值對等體現在日常細節中：彼此的時間是否被尊重？付出是否有被看見？需要是否有機會被說出口？意見是否能被認真傾聽？這些看似微小的元素，構成了關係的質地與穩定性。

關係研究普遍指出：當一段關係裡「我有貢獻」與「我的貢獻被看見」大致一致時，人才會真切感到自己在關係中的價值，而非只是占位。這種主觀的價值對等感，是關係得以長期穩定經營的關鍵基石。

在日常中實踐價值對等，不只是要求「公平分工」，而是彼此都能在關係裡找到「我值得」的證明。當關係讓我們感到「我值得被好好對待」、「我說的話有分量」、「我做的事有人看見」，

第八章　關係中的心理戰：愛、距離與邊界

那麼我們就會更有意願留在關係中，也更願意投入時間與情感，讓關係繼續深化。

> ### 健康關係不是自然發生，而是共同建造

愛不是解答，也不是靠直覺就能完成的任務。它是一種需要練習、調整與共同經營的關係建築。自我界線讓我們在關係中保持完整；情緒回應能力讓我們能有效溝通與修復；而價值對等則讓雙方都感受到被尊重與重視。

建立健康關係的過程，也是一場認識自己與學習愛的過程。我們不會一開始就做得完美，但只要願意開始練習，就能慢慢從混亂中找到節奏，從矛盾中建立信任，從傷痕中修補連結。那時的我們，不只是關係中的一份子，更是關係品質的共同創造者。

健康的關係，說到底，不是「我改變你」、「你滿足我」，而是「我在你身邊能夠成為更好的自己，你也因我而感到被看見」。當我們彼此成為更完整的自己，而非更方便的對方，愛才真正發生。

第九章
打造你自己的心理操作系統

第九章　打造你自己的心理操作系統

第一節　自我對話的重建：你怎麼跟自己說話？

語言如何塑造你對自己的看法

你每天最常聽見的聲音，不是來自家人、朋友或同事，而是自己內心那個持續不斷的聲音。這就是「自我對話」(self-talk)，心理學上指的是個體在腦中對自己說話的方式。你可能沒特別注意，但這些看似無聲的語言其實深刻影響了你的情緒、行為、信念，甚至決定了你如何看待自己與這個世界。

斯多葛學派哲學家愛比克泰德（Epictetus）指出：「讓人困擾的不是事物本身，而是我們對事物的看法。」此觀點亦被亞伯特・艾利斯的 REBT（A-B-C 模型）廣泛運用。這個解釋的過程，正是由自我對話建構而成。當你面對挑戰時，你對自己說「我不行」、「我一定又會搞砸」，這樣的語言會強化焦慮與無力感；反之，若你對自己說「我可以試試看」、「就算失敗也沒關係」，這樣的語言則能強化彈性與行動力。

破除「自我貶抑」的語言慣性

許多人長期生活在負面的自我對話中卻不自知。他們會用極端化、否定式、責備式的語言來對待自己，例如「我真沒用」、「怎麼又搞砸」、「我哪有資格成功」，這些語句不只反映低自

第一節　自我對話的重建：你怎麼跟自己說話？

尊，也會在潛意識中削弱自我效能感（self-efficacy）。

心理學家卡蘿兒・杜維克（Carol Dweck）提出「成長心態」（growth mindset）與「固定心態」（fixed mindset）的理論，強調語言與信念之間的交互影響。固定心態者傾向對自己下結論式批判，而成長心態者則會用探索式語言與自己對話。例如遇到失敗時，一句「我不會」會導致退縮，但一句「我還沒學會」則保留了學習的可能。

要打破自我貶抑的語言模式，第一步是覺察。試著記錄自己面對壓力或挫折時的內在語言，再問自己：「我會對朋友這樣說話嗎？」、「這是事實，還是我過度解讀？」透過這種語言覺察，你會發現，很多時候最嚴厲的攻擊來自自己，而不是外界。

建立支持性的自我語言：從批評者轉向教練

若你能對自己溫柔一點，不代表你變得軟弱，而是代表你開始建立心理韌性。心理學家克莉絲汀・奈芙（Kristin Neff）在其研究中提到「自我慈悲」（self-compassion）的概念，強調對自己有同理心、允許自己犯錯，並以鼓勵而非責備來面對困境。

你可以將自我對話轉化為像教練一樣的角色，既真實又支持。例如：在考試失利後，不是說「我果然很笨」，而是說「這次我準備得不夠，下一次我可以換個方法」。這樣的語言既不否認失敗，也不放大挫折，反而保留了前進的動能。

第九章　打造你自己的心理操作系統

此外，透過書寫、鏡前對話、正念練習等方式，你也可以主動建立新的語言迴路。每天早上對自己說一句「我值得被善待」、「今天的我比昨天更有方向感」，這樣的練習不只是口號，而是在重新訓練大腦的語言習慣，逐漸改變你對自己的認知結構。

更進一步來說，這樣的語言練習並不是假裝正面，而是學習區分「真實的我」與「情緒中的我」。當你難過、焦慮或沮喪時，不再責備情緒本身，而是告訴自己：「我有情緒，不代表我無能」；當你卡關時，不說「我做不到」，而是問「我需要什麼資源來幫助自己」。

語言重建，是心理自主的起點

當我們願意停下來傾聽自己是怎麼和自己說話的，也就踏出了心理自主的第一步。語言不是附屬品，而是主導我們感覺與行動的隱形力量。透過語言，我們可以自我壓迫，也可以自我療癒。

美國心理治療師與作家湯瑪斯・摩爾（Thomas Moore）說過：「內在語言就是靈魂的呼吸。」當我們開始以更溫柔、誠實且有力量的語言對待自己，內在的節奏會變得穩定，決策也會更清明。我們不再是過去經驗的囚徒，而是擁有重新選擇觀點的自由。

別讓內在對話變成一座無聲的監牢。你可以選擇，用更新的語言系統來對待自己。讓你的每一次內在對話，都成為支持你、相信你、讓你穩穩站在當下的力量。當語言開始轉向，人生的路徑也將隨之展開。

你不是你說的那句話，你是那個能選擇說什麼的人。

第二節　信念系統的修正與重構技巧

信念是怎麼形成的？不是你想的那麼自由

我們以為自己是有理性的存在，但實際上，我們大多數的決策、情緒反應與行為選擇，來自內在的信念系統（belief system）。這些信念，像是一組無形的操作規則，影響我們對世界的詮釋與對自我的定義。而多數信念並非自發思考得來，而是從成長過程中逐步內化而成。

心理學家亞倫·貝克（Aaron T. Beck）在認知行為治療（CBT）中強調，「核心信念」（core beliefs）往往根植於早期經驗。例如：一個在童年時常被忽略的孩子，可能會內化出「我不重要」的信念；一個總被要求完美的孩子，可能會形塑出「我必須達到標準才有價值」的想法。這些信念未必符合現實，卻主導我們的日常反應，像是遇到批評就逃避、面對選擇就猶豫、在愛裡總怕被拋棄。

第九章　打造你自己的心理操作系統

當信念成為限制：潛意識的框架如何主導人生

問題是，這些信念久而久之會形成一種「自我驗證的循環」。你相信「我不值得被重視」，就容易忽略別人對你的正向回饋，反而把焦點放在批評上，進而強化原本的負面信念。這種認知偏誤（cognitive bias）讓我們的信念看似「被證實」，實際上是過濾了與之不符的資訊。

心理學家里昂・費斯廷格（Leon Festinger）的「認知失調理論」指出，人類傾向維持認知的一致性，即便既有信念使人受苦也會因熟悉而維持。這也是為什麼有些人即使知道自己不應再相信某些觀念，卻仍無法擺脫那份影響。信念不是邏輯，是情緒與經驗交織的結果。

更深一層來說，限制性信念還會影響我們設定目標、擬定計畫與面對困難的方式。例如：一個人若深信「我永遠學不會理財」，那麼即使手上有再多資源，也會無意識地做出無效甚至破壞性的選擇；若你相信「人不可能改變」，那麼當你遇到困難時，很可能會直接放棄而非嘗試。

信念修正不是「洗腦」，而是心理上的重編程

要改變信念，首先必須進入內在對話層次。在認知行為治療（CBT / REBT）傳統中，常用「覺察→辨識→重建」的步驟來修正不合時宜的信念。

第二節　信念系統的修正與重構技巧

1. 覺察

你要先能察覺自己經常重複的信念語句是什麼。比如：「我做什麼都不夠好」、「我不適合人群」、「我沒資格成功」等。

2. 辨識

接下來問自己：這個信念從哪裡來？它真的完全正確嗎？是我自己的觀察，還是過去某個重要他人的說法？

3. 重建

最終不是「否定」舊信念，而是用更真實、更支持你現況的新信念取而代之。例如：將「我不行」換成「我正在學習」、「我太晚開始」換成「現在是最適合我的時間」。

這個過程需要反覆練習，並不會一夕之間改變。但每一次練習都是一次對大腦語言網絡的重組，一次對「我是誰」的重新定義。

> **建立支持性的信念句庫，讓潛意識幫你不是拖累你**

除了拆解舊有信念，建立新的支持性信念也是關鍵。你可以主動創造出一組「信念句庫」，這些語言是為了幫助你在低潮、困惑或焦慮時能快速對齊自己的核心。

這些信念可以具體如：「我值得被愛」、「我的價值不取決於他人的評價」、「失敗不代表我不好，只是方法還不對」。也可以是更宏觀的提醒：「我有選擇權」、「我能改變」、「每一次經驗都是成長的一部分」。

將這些語言用筆寫下，放在手機備忘錄、紙條、日記或任何你看得到的地方，讓它們成為你潛意識的「語言背景」，在日常小事中一點一滴替換過去的限制性自我定義。

你不是信念的產物，你是信念的創造者

真正的心理自由，不是從外部世界得到什麼認可，而是從內在打破那些讓你自我設限的聲音。信念不是絕對事實，而是一種看世界的方式。

當你開始練習辨識這些信念，重寫它們，並選擇用支持性的語言來建構自我，你就不再被過去經驗定義，而是活在當下選擇裡。你會發現，你可以不再是「我就是這樣的人」，而是「我可以選擇我想成為什麼樣的人」。

這樣的轉變，會慢慢滲透進你的態度、行為與情緒，成為你心理操作系統中最根本的底層優化程式。

第三節　創傷後成長與復原地圖

創傷不是結束，而是心理重建的起點

在我們的人生旅途中，總有一些時刻像地震般撼動內心。可能是一場突如其來的失去、一段傷人的關係、一次意外事

第三節　創傷後成長與復原地圖

件,又或者是長期的被忽略與不被理解。這些創傷經驗往往在表面平靜之後,於內心留下看不見卻深刻的痕跡。心理學將這些經歷稱為「心理創傷」(psychological trauma),其影響可能持續多年,並形塑我們看待自己與世界的方式。

然而,創傷並不等於破碎終身。心理學家理查・泰德斯奇(Richard Tedeschi)與勞倫斯・卡倫(Lawrence Calhoun)提出「創傷後成長」(Post-Traumatic Growth, PTG)理論,指出人在經歷創傷後,不僅可能恢復原狀,甚至可能發展出比以往更深的自我認識、更強的關係能力與更明確的人生方向。換言之,創傷不是故事的終點,而是另一段成長旅程的開端。

從崩潰到重建:心理復原力的五個核心面向

要理解創傷後的成長,必須先理解復原(resilience)是什麼。復原不是壓抑痛苦、裝作沒事,而是包含了接受、整理、調整與重塑的歷程。根據研究,能從創傷中成長的人,通常在以下五個面向有所變化:

- ◈ 對生命的欣賞:曾經面對脆弱,反而讓人更珍惜當下與平凡的日常。
- ◈ 與他人的連結:創傷後的人更能體會他人情緒,建立更深層的情感連結。

第九章　打造你自己的心理操作系統

- ◈ 個人力量感提升：從低谷中走出的人，會發現自己比想像中更堅強。
- ◈ 靈性與意義尋找：創傷常觸發人對生命、信仰與存在意義的深度探索。
- ◈ 人生優先順序調整：從中看清什麼才是真正重要，做出價值排序的轉變。

這些改變不是自動發生，而是來自個體在創傷後有意識地進行心理整合，並得到適當支持與時間去重構自我。

創傷不只是大事件，也可能是日常的微裂痕

在討論創傷時，社會常將焦點放在重大災難、戰爭、虐待等「明顯的創傷」上，但事實上，許多心理創傷來自日常中看似微小、但長期累積的情感傷害。心理學稱之為「微創傷」（microtrauma），例如：反覆被貶低的言語、情感上被忽視、持續性的人際排斥。

這些經驗可能不會讓你大哭，卻會讓你習慣壓抑、質疑自我、甚至對親密產生恐懼。長期下來，它們會像隱形病毒，慢慢改寫你對自己的信念，讓你覺得「我不值得」、「我不應該表達」、「我沒資格被愛」。這些就是創傷的語言，需要被拆解與翻譯，才能回到真實的自我中。

第三節　創傷後成長與復原地圖

創傷後的三個心理轉化階段

心理學家皮耶・雅內（Pierre Janet）在創傷理論中提出，個體面對創傷後會經歷三個主要階段：

- 安全建立期：建立當下環境的安全感，終止創傷來源，穩定情緒。
- 回憶與整合期：有意識地回顧與整理創傷經驗，使之成為過去，而非持續作用的現在。
- 重新連結期：將創傷經驗整合入自我敘事，重新建構人際連結與生命方向。

每一階段都可能重複、交錯甚至停滯，但只要我們持續往前，每一次轉化都是回到內在主體性的契機。

如何打造屬於你的復原地圖？

創傷後的復原並無標準路徑，每個人都有自己的節奏與方式。但以下幾個心理工具，能幫助你更有結構地重建：

- 情緒書寫：將情緒具體化寫下來，是將混亂經驗整理為語言的第一步。
- 支持性人際網絡：不是所有人都能懂你，但找到願意陪伴、不急於修復你的人，是重要資源。

- ◆ 身體取回感：透過瑜伽、正念冥想、呼吸練習，重建對身體的控制感，降低過往創傷反應。
- ◆ 建立創傷意義：問問自己「我從這段經歷學到了什麼？」、「我要怎麼讓它成為我的力量？」

最終，創傷不是要被遺忘，而是要被重新解釋。當我們能賦予創傷新的意義，它就不再是傷口，而是指引未來的座標。

成長來自傷痕，而非逃避傷痕

創傷後的成長，不是將自己修補成原來的樣子，而是長成另一種樣貌，一種更懂得愛自己、也更能理解他人的樣貌。那份深度，不是靠順利帶來的，而是靠撐過痛苦之後的理解所成就。

每一個曾覺得自己走不過去的你，都有可能在未來某個時刻回頭，對過去那個撐著痛苦走過的自己說：「謝謝你沒放棄。」那一刻，就是創傷轉化為力量的證明。

第四節　建立「心理帳戶」的日常方法

你如何管理自己的心理資源？

你是否有過這樣的時刻：面對同樣的挑戰，有時你能輕鬆應對，有時卻一觸即發？這種狀態的差異，往往來自你「心理帳

第四節　建立「心理帳戶」的日常方法

戶」的餘額有多少。心理帳戶（psychological account）是一種形象化的比喻，指的是我們日常生活中對心理資源的管理與儲存方式，就像金錢一樣：有存有付，有花有賺。

心理帳戶的概念不只出現在心理治療中，也逐漸被運用在壓力管理與自我照顧策略中。當你的心理帳戶「資金充足」時，你更能承擔風險、面對挑戰與做出反思性的反應；但當帳戶過度透支，就容易變得敏感、易怒、缺乏彈性，甚至導致情緒崩潰。

什麼會「存入」與「透支」你的心理帳戶？

心理帳戶的存款來源，來自日常中那些能夠補充心理能量的行為與經驗，例如：

- 高品質睡眠：充足而有規律的睡眠是心理帳戶最穩定的利息來源。
- 穩定的社會連結：與信任的人談心、被傾聽、感受到支持。
- 小確幸時刻：一杯喜歡的咖啡、散步時的陽光、看一部喜歡的影集。
- 個人成就：完成待辦事項、學習新技能、實現小目標。
- 自我同理語言：用理解與溫柔的方式和自己對話。

相對地，心理帳戶的支出或透支，則可能來自以下幾種情境：

- 高壓環境與情緒勞動：過多的責任、無法表達的情緒、長期對他人過度照顧。

第九章　打造你自己的心理操作系統

- 負向自我對話：持續地批評自己、否定自己。
- 睡眠不足與飲食失衡：生理狀態會直接影響心理能量。
- 人際衝突與邊界模糊：過度付出或關係失衡。

當我們缺乏覺察地不斷提領心理資源而不補充，就容易出現「心理赤字」，此時即使微小刺激也可能被放大反應，進而惡性循環。

建立個人化的心理帳戶紀律

就像金錢管理需要規劃與紀律，心理帳戶的維護也需要有意識地建立習慣。以下是幾項具體的方法：

- 情緒收支記錄：每天晚上花三分鐘寫下「今天讓我感到充電的是什麼？什麼又讓我感到消耗？」這是最基本的心理資源盤點。
- 設立「存款」時段：在行事曆上固定安排「只屬於自己」的時間，例如每週一次不接電話、不看社群媒體的寧靜時段。
- 定期「結帳檢視」：每週或每月回顧自己的心理帳戶狀態，調整生活節奏或關係互動方式。
- 培養備用資源庫：準備一些「備用補給品」，例如喜歡的音樂播放清單、一段溫暖文字、一本熟悉的書，作為低潮時的緊急儲備金。

這些習慣乍看平凡，卻是累積心理韌性的核心操作。

第四節　建立「心理帳戶」的日常方法

心理帳戶與人際關係：不是無止境提款機

許多人的心理帳戶之所以常常透支，與「關係中的無意識提款」有關。他們把自己當作他人的情緒資源，過度傾聽、承接、安慰、協助，卻很少為自己存入心理能量。時間久了，自己卻成了最被忽略的存在。

布芮妮・布朗（Brené Brown）在助人工作與人際研究中強調：「有界線的同理心」是避免耗竭、維持自我與關係健康的關鍵。這代表我們可以關心他人，但也要留意是否正在透支自己。當你開始練習說「我現在也需要空間」、「我暫時無法承接這樣的情緒」，並不是自私，而是成熟。

關係的品質不是靠單方面滿足維持，而是靠雙方都有餘裕與穩定去交換心理資源。當你心理帳戶穩定，才能真正給予，且不失去自己。

用心理帳戶觀點重建日常節奏

重新思考你的生活節奏：你的心理帳戶餘額是多少？你最近的收支平衡嗎？你是否正在過度依賴某些方式補償心理透支（如過度滑手機、暴飲暴食）？你有沒有安排「固定存款日」？

心理帳戶的思維，讓我們從「撐下去」的倖存模式，轉向「經營自己」的自主模式。它提醒我們：心理能量是有限的，但可以有策略地儲備與分配。

第九章　打造你自己的心理操作系統

你的人生，不該是隨時準備崩潰的零餘額帳戶，而是逐漸累積、逐步穩定、隨時能支應挑戰與照顧他人的心理資產。當你開始為自己存入，才有力氣為世界輸出。

第五節　建立行為意圖的儀式與暗示法

> 從想做，到真的去做，差了一個「啟動鍵」

我們都曾經立下決心：「明天要早起運動」、「這週要開始存錢」、「週末一定要休息」，然而幾天過後，這些計畫往往不了了之。不是我們不夠想做，而是我們缺乏一個真正能「啟動」行動的系統。心理學研究顯示，單靠意志力無法長期維持行為改變，關鍵在於是否有設計出有效的「行為意圖啟動機制」。

這個機制不只是提醒或清單，更是一種讓大腦自動切換狀態的心理開關。就像開機一樣，讓你從「想做」進入「正在做」的實際狀態。行為科學家福格在《設計你的小習慣》(Tiny Habits) 中指出，微習慣 (micro habits) 之所以成功，是因為它們有明確的啟動時機與心理觸發點，也就是「儀式」與「暗示」的力量。

第五節　建立行為意圖的儀式與暗示法

儀式感：讓行為變得莊重而可預期

所謂「儀式感」，是給予行為一種心理上的框架與情境感。這不需要隆重的儀式，而是固定、具象、可重複的小程序。像是泡一壺茶、點一盞燈、穿上運動服、整理書桌等，這些看似無關的動作，實際上能讓你的大腦知道：「我要進入某個狀態了」。

心理學家芭芭拉・弗雷德里克森（Barbara Fredrickson）研究指出，情緒是可以透過環境與行為觸發的。我們透過儀式來製造預期感與安全感，進而提升進入某個行為模式的可能性。例如：若你每次閱讀前都會泡一杯熱茶，這個動作就會成為你閱讀模式的開關。

每天建立三到五個屬於你個人的「行為儀式」，將會是打造心理操作系統的第一步。這些儀式要夠簡單、可執行、具連結感，重點不是華麗，而是可持續。

暗示法：透過環境設計讓行為發生

除了儀式，我們還需要一套能讓行為「自動浮現」的外在環境設計，也就是「心理暗示法」（cue-based prompting）。習慣研究作者詹姆斯・克利爾（James Clear）在其著作《原子習慣》中提到，環境才是行為最穩定的依據。

舉例來說：

第九章　打造你自己的心理操作系統

- ◈ 想開始閱讀？在沙發上擺一本書而非手機。
- ◈ 想早睡？在枕頭上放一本放鬆的書、把鬧鐘設定在對面。
- ◈ 想冥想？在房間角落鋪好瑜伽墊、準備耳機播放冥想音樂。

這些不是提醒你「要做什麼」，而是創造「此刻可以做這件事」的暗示環境。暗示不只是視覺提示，更是一種心理預設值，讓行為的執行成本變低、轉換門檻變小。

結合儀式與暗示：打造你的啟動流程

最有效的行為意圖實踐，往往是儀式與暗示交錯進行的結果。以下是一個簡單範例：

- ◈ 目標：每天早上運動 15 分鐘
- ◈ 儀式：起床後先喝一杯常溫水，播放一首固定的音樂
- ◈ 暗示：把運動服放在床邊，把瑜伽墊展開

這樣的流程不只是幫助你記得要運動，更是幫助你的大腦建立「我是一個有這個習慣的人」的自我認同。當這些微小動作變成「慣性啟動點」，你會發現行為不再依賴動力，而是自動浮現。

第五節　建立行為意圖的儀式與暗示法

行為啟動的心理底層架構：從認同感開始

　　行為的持續，源自於認同。你之所以能每天做一件事，是因為你「相信你就是這樣的人」。心理學家丹尼爾·康納曼（Daniel Kahneman）指出，人們傾向維持與自我敘事一致的行為，也就是說，一旦你開始認為「我是有運動習慣的人」、「我是會準時的人」、「我是善於管理的人」，你就會開始做出與之相符的選擇。

　　因此，在設計儀式與暗示時，請讓它們不只是達成某個目標，而是回應「我是誰」的認同。這樣的行為，才會內建動力，不再只是依賴提醒與意志力。

讓行為變簡單，而不是靠意志力撐下去

　　行為改變不是要靠意志力強撐，而是靠設計。透過心理儀式與暗示法，我們可以打造一套屬於自己的「心理啟動程序」，讓想做的事不再停留在想像，而是自然流動於生活中。

　　當你每天打開燈、拉開窗簾、穿上運動服時，不只是在做一個動作，而是在對自己說：「我值得一個有節奏、有掌握、有前進感的日子。」這樣的訊息，每天一點，就能打造一個內建韌性與自我驅動力的心理操作系統。

第六節　把心理學用在自己身上，不只是知識

從理論到實踐，心理學不是看了就懂

我們時常閱讀心理學文章、觀看講座、收藏許多人生道理的圖文卡片，感覺對自我了解更深了，但生活依然混亂、情緒依舊失控、關係還是卡關。這不是你理解不夠，而是你還沒有把心理學「用」起來。

心理學的價值，不在於知道，而在於實踐。真正的內化，不是你能說出理論，而是當你遇到情緒波動時，能記得調節；當你遇到人際衝突時，能看見自己的反應模式；當你感到迷惘時，能使用某些心理技巧幫助自己澄清與選擇。這些，才是心理學的生命力。

心理知識的常見誤用與盲點

我們在學習心理知識時，常掉入幾個迷思：

1. 把心理學當成對他人的診斷工具

學了一些理論，就開始判斷別人「有控制狂傾向」、「這是逃避型依附」、「他有情緒勒索」。這其實是對心理學的誤用，因為真正的學習，是先看見自己，而非套用標籤。

2. 陷入「知道等於做到」的陷阱

知道要設界線,但還是不敢說「不」;知道要自我對話,但情緒一來就全忘了。這不是失敗,而是需要練習的信號。

3. 過度依賴知識解釋,而忽略行動

心理學應成為你行為的助力,而不是「我就是這樣,因為我童年被忽略」這類逃避行為的護身符。

心理知識的力量,在於你是否願意帶著它走進日常,不是拿來說服別人,而是幫助自己活得更清醒。

把心理學變成「操作習慣」

要讓心理學變成日常系統,而不只是偶爾提醒,可以從以下幾個「操作習慣」開始練起:

1. 覺察語言的模式

每當你批評自己、抱怨他人、陷入無助時,問自己:「這是什麼情緒?來自什麼信念?」

2. 固定使用一項心理工具

例如每週日晚上寫「情緒週記」,回顧這週什麼情境讓你快樂、困擾、感到疲憊。

第九章　打造你自己的心理操作系統

3. 在一段關係中練習一個改變：

不需要對所有人都變得完美，但可以選一段關係，嘗試說出需求或設立界線。

4. 設定一個心理「安檢點」

像是午餐後或睡前，用 1 分鐘評估自己此刻的心理狀態，給它一個溫柔命名（如「今天我焦躁但還撐得住」）。

這些看似簡單的行為，就是你把心理學從知識轉為能力的過程。

將心理練習結合你原有的生活節奏

很多人說：「我很想練習，但生活太忙。」其實，把心理練習變成「生活中的一部分」，比「另外挪出時間」來得有效。

- ◈ 刷牙時做深呼吸五次：讓刷牙不只是清潔，也是轉換情緒的儀式。
- ◈ 開車或搭車時播放心理學 Podcast：將零碎時間轉化為學習空間。
- ◈ 做家事時練習正念感官：洗碗時專注感受水溫與泡沫觸感，讓大腦練習放鬆與專注。

當這些行為成為你的一部分，心理學就不再是知識的堆疊，而是實質介入生活的工具箱。

> 心理學，不是讓你變「完美的人」，
> 而是更接近真實的自己

最終，把心理學用在自己身上，不是為了成為零情緒、無失誤、不動搖的超人，而是成為一個能理解自己、有能力面對波動、知道如何回穩的「真實人」。

心理學最大的用處，不在於成就一個更好的你，而是在於當你覺得自己「不夠好」的時候，仍然知道該怎麼善待自己、支持自己、重新站起來。

這樣的心理系統，不是一次建立完成，而是每天都在更新的生活程式。願你每天都願意下載一點點，用在自己身上，不只是知識，而是實踐。

第七節　建構你獨一無二的心理導航圖

> 為什麼我們需要一張心理導航圖？

在現代生活中，我們被大量資訊淹沒、被選擇困境困住、被多重角色撕裂。外在世界快速變動、內在世界卻未必跟得上。很多人並非沒有能力，而是缺乏一個清晰的心理路線圖。所謂「心理導航圖」，就是你對自己內在世界的理解、信念結構與應對策略的整合系統。

第九章　打造你自己的心理操作系統

　　這張地圖，不是制式標準，不是從他人經驗複製貼上的建議，而是專屬於你的人生經驗、價值選擇與心理偏好。它能幫助你在面對焦慮、混亂、重大選擇或困境時，快速辨識：我在哪裡？我為什麼會有這種反應？我接下來可以怎麼做？

　　當我們沒有心理導航圖時，情緒容易失控、價值觀混亂、行為反應變得衝動或拖延。當你開始有意識地整理這張地圖時，你會發現自己的行動開始變得有方向、有邏輯，也更接近內在的真實自己。

心理導航圖的五個核心元素

　　一張完整的心理導航圖，通常包含以下五個關鍵區塊：

1. 價值核心

　　你最在意什麼？自由、連結、成長、安全、成就……哪些是你的人生核心？

2. 情緒指南針

　　你有哪些常見的情緒反應？它們會在什麼情境中出現？是保護、逃避、警訊或未被處理的創傷？

3. 信念結構

　　你對自己的三個基本信念是什麼？有哪些是支持你前進的？哪些是限制你選擇的？

4. 行為慣性

在壓力或低潮時你會做什麼？拖延、過度付出、封閉、逃避？這些模式從何而來？是否仍適用？

5. 復原策略

當你崩潰、困住、失落時，你有哪些實際有效的自我修復工具？（寫日記、運動、找人傾訴、短暫遠離……）

透過整理這五項內容，你就能初步繪製出你個人的心理導航雛形。這不只是自我認識的過程，更是建立內在穩定性的重要基礎。

建構導航圖的方法：從日常經驗開始蒐集

這張地圖不會憑空出現，它需要你持續觀察生活中出現的心理反應、行為模式與觸發點。以下是三個日常建構導航圖的練習：

- 寫下你最常出現的三種情緒：何時出現？誰讓你產生這些情緒？這些情緒想告訴你什麼？
- 盤點過去三次重大選擇的理由：當初你怎麼做決定？是基於價值、害怕、責任還是期望？是否後悔？
- 設計屬於你的「內在儀式」：當你卡關時，有沒有一個可以幫助你重啟系統的步驟？例如先靜坐三分鐘、寫下三個感受、打給一位朋友……

第九章　打造你自己的心理操作系統

這些練習會慢慢幫你描繪出情緒地形、信念河流與價值山脈，使你在下一次心理風暴來臨時，不再只能原地打轉。

心理導航圖不是完美預測，而是行動指引

請記得，這張地圖不是預測未來用的，而是幫助你在混亂中做出選擇的工具。它的重點不是「一定怎麼做才對」，而是「我知道我正在經歷什麼，我知道我可以怎麼處理」。

心理導航圖的存在，讓你開始練習為自己負責 —— 不是責備，而是承擔；不是控制，而是理解。當你從情緒反應者，轉為自我領航者，你就從心理的乘客變成了駕駛。

成為自己人生的導航者

你可以參考別人的建議，但你不能總依賴他人來告訴你該往哪裡去。心理學的終點不是「學得很多」，而是「我知道自己怎麼活得更像自己」。

建構心理導航圖的歷程，是一場與自己深層對話的旅行，也是建立內在穩定、人生自主與心理安全的關鍵工程。願你在這張地圖中，看見不完美的自己，也找到願意繼續前進的理由。

第七節　建構你獨一無二的心理導航圖

　　這張地圖，會隨著你的人生經驗不斷更新修正。你不需要一次畫完它，但你需要開始拿起筆，慢慢描繪你的心理路線。因為真正能帶你走出困境的人，不是心理學家，不是某本書，而是你自己。

國家圖書館出版品預行編目資料

心理開關：打開你行為背後的九道機制！拆解被「慣性」綁架的情緒、思考與決策系統 / 諾瓦著. -- 第一版. -- 臺北市：財經錢線文化事業有限公司, 2025.09

面；　公分

POD 版

ISBN 978-626-408-373-7(平裝)

1.CST: 心理學 2.CST: 通俗作品

170　　　　　　　　　114012302

電子書購買

爽讀 APP

心理開關：打開你行為背後的九道機制！拆解被「慣性」綁架的情緒、思考與決策系統

臉書

作　　　者：	諾瓦
發 行 人：	黃振庭
出 版 者：	財經錢線文化事業有限公司
發 行 者：	崧燁文化事業有限公司
E - m a i l：	sonbookservice@gmail.com
粉 絲 頁：	https://www.facebook.com/sonbookss/
網　　　址：	https://sonbook.net/
地　　　址：	台北市中正區重慶南路一段 61 號 8 樓

8F., No.61, Sec. 1, Chongqing S. Rd., Zhongzheng Dist., Taipei City 100, Taiwan

電　　　話：(02) 2370-3310　　傳　　　真：(02) 2388-1990

印　　　刷：京峯數位服務有限公司

律師顧問：廣華律師事務所 張珮琦律師

-版權聲明-

本書作者使用 AI 協作，若有其他相關權利及授權需求請與本公司聯繫。

未經書面許可，不可複製、發行。

定　　價：350 元

發行日期：2025 年 09 月第一版

◎本書以 POD 印製